Elsemarie Maletzke
Irish Times

Unterwegs in Irland und Schottland

Schöffling & Co.

Erste Auflage 1996

Satz: Reinhard Amann, Aichstetten
Druck & Bindung: Pustet, Regensburg
ISBN 3-89561-552-8

Inhalt

Irish Times

Die keltischen Cousins

I am a gallant Irishman whatever that may be.
(Irischer Vers)

In dem Bilderheft zu einer CD, auf der die irische Folkgruppe *The Chieftains* prominente Gastbeiträge versammelt, ist der Uilleanpipe-Spieler Paddy Molony mit dem Sänger Tom Jones zu sehen. Molony, ein begnadeter Musiker, gleichwohl ohne äußere Vorzüge, dem eine unverständliche Eitelkeit gebietet, jeden Fotografen mit seinem furchtbaren Gebiß anzublecken, lehnt strahlend im Windschatten des dicken Manns aus Wales, »unseres keltischen Cousins«. Jones röhrt auf der CD, begleitet von den *Chieftains*, den *Tennessee Waltz*, und wenn es Keltentum sein sollte, das diese Melange zustande gebracht hat, dann will ich nie wieder etwas davon hören.

Die Iren, denen ein kollektiver Wahn wie der Nationalsozialismus erspart geblieben ist, pflegen einen unbekümmerten Stolz auf ihr Irischsein, einen Stolz, der sich zu einsichtigen Teilen aus ihrem Kampf gegen englische Invasoren und Kolonisten speist, zum anderen aus weniger klaren und schon reichlich bemoosten Quellen, die irgendwo im keltischen Zwielicht entspringen. Was macht Iren, Schotten und Waliser zu Kelten? Was unterscheidet sie vom englischen Nachbarn, durch dessen Stammesgeschichte außer den Kelten auch Römer, Angelsachsen, Wikinger und französische Normannen gestiefelt sind? Wikinger und Normannen haben ihre physiognomischen Spuren auch in Irland hinterlassen; Schotten haben Ulster besiedelt. Die roten und sandfarbenen Bärte, die hageren Gesichter mit den Schnabelnasen, die dunklen Augen, schwarzen Haare und der südliche Teint – alles Kelten? Es waren und sind wohl weniger die Gene als die Klassen- und Machtverhältnisse, die im Lauf der Jahrhunderte das Trennende wachsen ließen. Zugleich hat die Zugehörigkeit zu Großbritannien und die eine gemeinsame Sprache eine gewisse kulturelle Familienähnlichkeit geschaffen, die allerdings selbst innerhalb des britischen Klüngels bestritten wird.

»Wir sind keine Engländer«, behauptet eine Dame in Slaley Hall in Northumberland, »wir sind Jordies«, den Schotten verwandter als den Cockneys. Die Jordies sollten eigentlich Georgies heißen, denn sie hielten brav zu König George II, als Bonnie Prince Charlie, der schottische Kronprätendent, 1745 durch Northumberland nach Süden marschierte. Heute liegt den Jordies der Norden offenbar näher als der Süden, vielleicht weil es über ihre kahlen Hügel schon sehr highlandartig pfeift, und ihre Folkmusic kennt einen fidelen kleinen Ableger des furchterregenden Dudelsacks, die Northumbrian Pipes.

In Irland waren oft diejenigen, deren Familien mit England verbandelt waren, die besseren irischen Patrioten als »your man« an der Ecke, der eine blauweißrote Girlande über die Straße hängte und seinen Union Jack schwenkte, wenn Queen Victoria auf Staatsbesuch kam. Privilegiert und protestantisch, gehörten sie natürlich zu den Zecken im irischen Pelz, doch brachten diese »Westbriten« – eine spöttische Bemerkung der keltisch bewegten Miss Ivors an die Adresse des irlandflüchtigen Mr. Conroy in Joyces Geschichte *Die Toten* – auch Wissenschaft, Kunst und Architektur in Irland voran und suchten das Los der Insel von einer ausgebeuteten Kolonie zu einer freien Republik zu wenden: Wolfe Tone, Lord Edward Fitzgerald, Henry Grattan, Robert Emmet, Constance Markievicz, Sir Roger Casement und Charles Stewart Parnell, der der Sohn eines protestantischen Grundbesitzers war.

Einige dieser halben Engländer oder ganzen Anglo-Iren bestanden mit zunehmender Radikalität auf einer eher zweifelhaften keltischen Erbmasse: So Maud Gonne, Muse und Revolutionärin, mit schattenhaften, sechs Generationen entfernten O'Gonnes aus Mayo; so Patrick Pearse, Sohn eines Londoner Malers und theoretischer Kopf der Osterrebellion von 1916, dessen verquaste Vorstellungen von der Überlegenheit des keltischen Bluts sehr peinlich an den Irrwitz eines anderen Führers gemahnen.

»Sind Sie Engländer oder Waliser?« fragte ich in Hay-on-Wye den jungen Mann, der dort das jährliche Literaturfestival ausrichtet. »Was!?« schrie er mit blitzenden Augen, »Engländer? Schauen Sie mich doch an! Ich bin Kelte. Seit 500 Jahren am Platze.« Und dabei fuhr er sich mit fünf Fingern wie mit einem Rechen durch seine schwarze Lockenmähne.

Dylan Thomas hatte auch so einen Schopf, Brendan Behan, Heathcliff, Lord Byron und Tom Jones.

Das grüne Feld

Fußwege sind in Irland eine Seltenheit
aus dem einfachen Grund, daß jeder Ire
dorthin geht, wo er hingehen möchte.
(Patrick Warner)

Das Haus ist blitzblau, blitzblau ist seine Gartenmauer, auf der sich eine weiße Katze sonnt. An der Straßenböschung blühen Fingerhut, im Garten Lupinen, um die Haustür Kletterrosen. Auf Klopfen öffnet ein Bauer mit der Pfeife in der Hand. – Ob das am Fluß da unten wohl seine Wiese sei? Wir suchten einen Platz zum Zelten. Der Bauer sagt, das Land am Fluß gehöre ihm nicht, aber zwei Meilen weiter aufwärts liege Athassel, wo wir getrost übernachten könnten.

Athassel ist kein Hotel und kein Campingplatz, es ist auch kein amerikanisch prononciertes Castle, wie ich in amüsierter Beschränktheit angenommen hatte. Athassel ist der gewaltige Rest einer Klosteranlage aus dem Jahr 1192. Im Rücken hat sie das Flüßchen Suir, ein schnelles, tiefes, grünes Wasser, vor sich einen Schwertliliensumpf, der vielleicht einmal einen Wehrgraben darstellte und über den eine Bogenbrücke zum halbverfallenen Torhaus führt. Wir tragen unser Zelt über die Brücke und schlagen es auf einer Wiese auf, die früher das Dach über den Mönchszellen und der

Fußboden einer Kapelle war. Wir bleiben zwei Tage. Kein Mensch kommt vorbei.

Wir sind mitten in Irland und nur neun Kilometer von Cashel entfernt, vor dessen Fels mit den gewaltigen Kirchenruinen – »Irlands Akropolis« – morgens um zehn schon die Reisebusse parken und sich die Herren in den großkarierten Hosen mit ihren sohlengängigen Müttern breit und wichtig machen, als hätten sie dort eine klaffende Lücke in der Gesamtkonstruktion zu füllen.

Irland ist nicht mehr nur still und leer und prächtig. Heinrich Bölls *Irisches Tagebuch*, ein Sehnsuchtsbuch der Deutschen, ist so wahr, wie ein Klassiker sein kann. In einer Rundfunksendung über das berühmte Killarney zieht der Moderator den Schluß, daß mit der unvermeidlichen Umweltverschmutzung durch den Tourismus auch eine Innenweltverschmutzung in den Köpfen der Einheimischen vor sich gehe. Aber viele karge Gebiete im Westen haben wenig Auswahl. Sie leben von der Schafzucht und vom Tourismus, zwei Erwerbszweigen, bei denen es auf sorgfältiges Scheren ankommt.

Reisende, die es mit Irland versucht haben, teilen sich in zwei Konfessionen. Die eine, die es absolut schauerlich fand, weil sie in den Dauerregen geraten ist, weil sie mittags nichts und abends nur ein altes Kentucky-Huhn zu essen bekam, weil der Service im Hotel sehr zu wünschen übrigließ und sie sich in einem Andenkenladen einen zu teuren Aran-Pullover andrehen ließ.

Die andere Fraktion ist auch in den Regen und ans Kentucky-Huhn geraten. Sie hat vor verschlossenen Kneipentüren gestanden und klamme Nächte unter

Nylon-Bettdecken verbracht, aber sonderbarerweise haben diese Mängel auf der Habenseite zu Buche geschlagen: ein Zusammenrücken in feuchter Gemütlichkeit, ein Hauch von Abenteuer, die Herausforderung des Improvisationstalents ...

Da wir gerade davon sprechen: ein Wort zum Wetter. Von der Irischen Fremdenverkehrsbehörde wird die Legende verbreitet, Irland sei ein liebliches Land. Es regne zwar häufig, möglicherweise einmal am Tag, aber nur milde und aus kleinen Scherzwolken, die rasch weiterflögen und mit der wieder aufgehenden Sonne das Schauspiel eines Regenbogens an den Himmel zauberten. Das ist nicht ganz richtig. Zwar umspült der Golfstrom die Westküste der Insel und läßt im County Kerry Palmen wachsen, aber diese warme Strömung bedeutet lediglich Winter ohne Pelzmantel, aber keine ausgedehnten Schwimmzüge im sommerlichen Atlantik.

Irland ist nämlich nicht so sattgrün dank der kleinen Wolke, die einmal täglich angesegelt kommt, sondern wegen seines soliden Dauerregens – und zwar so wie im Kino: als stünde einer auf dem Vordach und schüttete aus Eimern eine Wasserwand.

Wer da war, weiß Bescheid. Er weiß aber auch, daß Rettung nah ist. Manchmal reicht es, über einen Berg zu fahren, manchmal in die nächste Kneipe. Überall findet der Reisende Menschen, die bereit sind, das Wort an ihn zu richten. Die Freundlichkeit und Höflichkeit der Iren ist in der westlichen Welt beispiellos. Nicht daß man gerade noch auf ihn gewartet hätte, aber nun, da er schon einmal hereingeschneit ist, wird er sich Zeit nehmen müssen für lange Gespräche, erschöpfende Auskunft, Ratschläge, Neugier und Witze auf seine Kosten. Dabei begegnet dem Gast manchmal auch ein von Trauer umwitterter keltischer Alltagswahn, wie er ebenfalls nur in Irland zu gedeihen scheint.

Die alte Frau, die mir im orangen Blitzgewitter ihres gestörten Fernsehapparats die Tür öffnete und mich für verrückt erklärte, weil ich auf ihrer Wiese zelten wollte. Auf der Erde schlafen, das sei doch absurd, ob wir etwa Inder wären?

Die kalte Kneipe in Carrigart, in der ein auf seinem Barhocker schlingernder Mann immer wieder denselben Gesang anstimmte – *As I was walking* –, und dann kam nichts mehr. Im Halbdunkel intonierte ein Mann mit Akkordeon einen langsamen Walzer, während sein Kamerad auf dem Synthesizer den Rhythmus dazu pflückte und gelangweilt zu singen begann: *Come back to the shores of Erin.* Niemand klatschte. Der Besoffene wurde schließlich hinausgeschafft. Wäre da nicht Mrs. Rose, die dem Frühstücksgast am späten Abend noch Tee und Ingwerplätzchen richtete und eine Wärmflasche im gehäkelten Bezug unter die Bettdecke schöbe …

Die achtköpfige Familie in einem Schnellimbiß in Wexford, die an zwei Tischen verteilt saß, Eltern und sechs Kinder. Zwischen keifenden Computer-Spielautomaten feierten sie die Erstkommunion ihrer Tochter. Es gab acht Gläser gelbe Limonade, die die Mutter erst verteilte, als das Essen gebracht wurde, und achtmal Fischstäbchen mit Pommes frites. Über die Teller der vier Jüngsten streute sie kräftig Salz und sprotzte Ketchup dazu. Erst dann durfte aufgespießt werden. Plötzlich schob das kleine Mädchen im weißen Kleid seinen Teller weg, legte den Kopf auf die Arme und begann zu weinen. Niemand, nicht einmal die Eltern, fanden Worte für diesen Vorgang. Die Mutter stellte die Teller zusammen und wischte mit dem Blättchen Papierserviette über das Resopal.

Gegen solche Abgründe stemmt man sich in Irland mit Würde und einem erfreulichen Mangel an peinlicher Berührtheit. Selbst die abgewracktesten Gestalten haben – bei geringer Zuwendung – keinen Hohn zu erwarten. In einem Dubliner Studentenlokal saß einer dieser fahrigen, weggetretenen Menschen und bekleckerte sich in seinem Säuferwahn mit allem, was auf dem Teller lag. Als er endlich hinausgetaumelt war, kehrte die Serviererin schweigend die Kartoffeln zusammen. Das einnehmende, zutiefst liberale Wesen der Iren, das noch jedem Freak seine Fasson erlaubt, hat selbst die katholische Kirche, die auf der Insel zu den unduldsamsten Kräften zählt, nur unwesentlich trüben können.

Die Iren seien samt und sonders verrückt, entschied der englische Dichter G. K. Chesterton, denn »alle ihre Kriege sind lustig, und alle ihre Lieder voller Traurigkeit«. Wie Chesterton auf diese Idee kam, ist mir unerfindlich. Er lebte bis 1936 und sah aus nachbarlicher Entfernung sowohl den irischen Unabhängigkeitskrieg als auch den blutigen Zwist zwischen Freistaatlern und Republikanern, in dem keine Seite auch nur einen Funken Humor aufbrachte. Immerhin reicht die Verschrobenheit der Iren so weit, daß sie meist gegen ihresgleichen in den Krieg gezogen sind, aber niemals aufbrachen, um andere Völker zu erobern. (Statt dessen schickten sie ihre Missionare, die den europäischen Brüdern mit sanftem Zwang ein Licht aufsteckten.)

Was die Lieder angeht, stimme ich Chesterton allerdings bei. Die irische Ballade ist kein heiteres Genre: Querbeet wird Abschied genommen, betrogen, geschwängert, sitzengelassen, totgestochen und geschossen. Allerdings folgt im Musikgeschehen auf ein Leidenslied meist ein wortloses Tanzstück, als müßten Musiker und Zuhörer schnell den trüben Eindruck abschütteln. Ein Jig oder Reel ist ein mitreißender, hupfstarker Trost, und dem Iren entringt sich darüber ein Schrei, den der Fremde im ganzen Leben nicht lernt.

Am Blackwater hängt ein Fähnchen über der Straße: *Welcome to Ballyduff.* An Weiterfahrt ist nicht zu denken. Autos mit sechs und mehr Passagieren parken in Doppelreihen auf der Straße. Die Scheiben sind heruntergedreht, drinnen gibt's was zu trinken. Und draußen gibt's Musik. In Ballyduff ist Fleadh Cheoil, ein kleines Musik- und Tanzfestival. Die Musiker sitzen auf einem offenen Lastwagen am Straßenrand – ein Akkordeon, eine Fiddle, eine Gitarre, eine Flöte gastweise, und dann geht die Post ab. Eine Kindergruppe – die Mädchen in roten Faltenröcken und Schultertüchern, die Jungen in schwarzen Hosen und weißen Hemden – tobt mit quickem Getrampel über den Tanzboden. Die Stimmung ist ausgezeichnet. Kleine Buben in Sonntagsjacken wälzen sich am Rande des Geschehens im Straßenstaub und schlagen sich die Fäuste auf die Ohren. Hunde mischen begeistert mit. Vor der Kneipe geht es zu wie am Eingang eines Bienenstocks – in umgekehrter Aktivität. Fleißige Zecher drängen sich durch den engen Einschlupf, um über ein kurzes, vollbeladen mit Getränken, wieder auszuschwärmen. Biergläser sind auf Autodächern und in Parterre-Fensternischen abgestellt. Ach, in Ballyduff auf dem Trottoir stehen mit einem Pint dunklen Bieres und eine Portion Fish and Chips mit recht viel Salz und einem Spritzer Essig aus dem Zeitungspapier mampfen – Herr Siebeck, nennen Sie mir Vergleichbares! Dazu scheint die Sonne ganz gratis über dem Blackwater, kleine Mädchen geben dir im Vorübergehen die Hand, ein Flötensolo tiriliert über die Straße und – Vorsicht, gleich kommen mir die Tränen.

Zeit ist in Irland ein wohlfeiles Gut. Wer glaubt, es müsse dort ein anderer Trott angeschlagen werden, weil er, der Gast, auf der Straße steht und hupt, wird enttäuscht werden. Wer aber aussteigt und sich erkundigt, statt alles besser wissen zu wollen, wird wohl sein grünes Wunder erleben.

Auch guter Rat ist in Irland nicht teuer: Da ist die Wirtin an der Straßenkreuzung zwischen Golden und Caher, County Tipperary, Kneipe, Bushaltestelle, einziger Baum. Wenn wir nach Süden wollten, sagt sie, lohne sich der kleine Umweg durch das Glen of Aherlow, denn nur von dort hätten wir einen richtig schönen Blick auf die Galtee Mountains. Sie beschreibt den Weg. Ein kleiner Junge kommt in die Bar, will ein Eis am Stiel. Die Wirtin nimmt die Mausefalle von der Eistruhe (mit 1 klein Stück Käse) – der Junge könne mitfahren bis zur Kreuzung. Dort steigt er aus und winkt uns nach. Und nun? Der nächste wird ihn wieder mit zurücknehmen.

In der Anchor Tavern in Bantry leiht der Wirt ein selbstgetipptes Buch her, in dem er zehn Nachmittagsreisen in die Gegend von Bantry Bay aufgeschrieben hat, über die die offiziellen Reiseführer glatt drübergerauscht sind. Über ein Pub namens Arundel zum Beispiel, in dem die Wirtin 16 Glas Whiskey aus der Flasche gewinnt und nicht sparsame 25, wie das sonst üblich ist.

Oder über den Barley Lake in den Kerry Mountains nur ein kleines Stück vom sehr beliebten und belebten Glengarriff entfernt. Eine feste Straße führt nicht hinauf. Im Dorf Crossterry schlagen wir das Basislager auf. »Entschuldigen Sie, ist das am Bach dort Ihre Wiese?« Es ist nur die Mutter ohne Befugnisse zu Hause, aber der große Sohn sei bald zurück. Ob wir in der Zwischenzeit eine Tasse Milch bei ihr trinken wollten. Einen Kühlschrank hat sie nicht, aber einen Fernsehapparat. Den großen offenen Kamin in der Küche hat der Sohn gemauert, der auch das Stragula über den Steinplatten verlegt hat. Ihr Trinkwasser holt sie dreimal am Tag mit zwei Eimern aus dem Wasserhahn in der Dorfmitte. Das Wasser kommt vom Barley Lake.

Der steile Fußweg zum See senkt sich nach drei Meilen wieder ins Moor hinab. An den Seiten wird Torf gestochen, saftig, elastisch, ein fester, sinnlicher Stoff, Erdschwarte, die sich beim Drüberlaufen entgegenzuheben scheint und in der ein Fußabdruck kurz zurückbleibt, ehe sie sich wieder strafft. Am Barley Lake gibt es weder Baum noch Strauch noch Mensch. Schafe flüchten mit durchgedrückten Hälsen. Der Wind saust, und das Wasser ist sehr kalt. Weiche Pflanzen wickeln sich beim Schwimmen um die Beine. Schnell raus.

Fragen und Auskunft in Glandore, County Cork, im Postbüro: »Wie bitte heißt das Tudor-Haus, das zwei Meilen vor Glandore in einem Kartoffelacker steht?« Das Haus heißt Coppinger's Court, und ein Postkunde kennt auch seine Geschichte: Ein reicher Kaufmann aus Cork hat es gebaut, sechzehnhundertundnochwas. Es hat noch nicht lange prächtig dagestanden, als seine Feinde ihre Kanonen auf die Hügel drumherum gefahren und ihm die Kugeln einfach durchs Dach haben fallen lassen. Seitdem steht nur noch seine Hülle, die Schlote, ein paar Fensterkreuze, und um die ganze Erscheinung windet sich eine Schärpe aus Efeu – Coppinger's Court.

Es gibt zu viele Gemäuer in Irland – vorchristliche, normannische, elisabethanische, georgianische, viktorianische –, um sie alle unter Denkmalschutz zu stellen. Die meisten Ruinen »großer Häuser« liegen in den Midlands, Gebiete von geringerem landschaftlichem Reiz als die Berge von Wicklow oder Connemara. Ihre verwilderten Parks sind oft der einzige Baumbestand weit und breit: Buchenalleen, durch die niemand mehr reitet, verfitzte Apfelbaumgärten, in denen niemand mehr erntet.

Dangan Castle, County Meath, in dem der Herzog von Wellington seine Jugend verbrachte: eine leere Schale, in der der Holunder üppig blüht. Moore Hall am verschilften Ufer von Lough Carra. Sein Erbauer, George Henry Moore, war das rare Exemplar eines Landlords, der willens war, seine Bauern in den großen Hungersnöten durchzufüttern, weil sein Pferd Coranna beim Chester Cup 1846 zehntausend Pfund gewonnen hatte. Moore Hall brannte 1921 ab. Vom See her ist es nicht mehr zu erblicken; der Park ist ihm über das dachlose Haupt gewachsen.

Auch Dunboy Castle bei Castletown Bearhaven brannte im Bürgerkrieg ab, als die Macht der anglo-irischen Grundherren schon gebrochen war. Aber die Erinnerung an ihr Regiment, an Wucher und Verschwendungssucht war noch intakt und ließ ihre Häuser das Opfer der Vergeltung werden. In der Haupthalle von Dunboy stehend, die wie ein Kirchenschiff von mächtigen Bögen überspannt wird, ist noch etwas von der Arroganz ihrer Erbauer zu spüren, speziell wenn man sich der *cabins* erinnert, in denen die Pächter dieser großartigen Familien hausten, so feucht, »daß selbst eine Wildente Rheumatismus bekäme«, (wie George Moore gern einen irischen Bauern zitierte) und sich von Kartoffeln, Grütze und Buttermilch ernährten.

Ballysaggartmore an der Straße zwischen Lismore und Ballyduff, County Waterford, ausgeschildert lediglich als *The Towers.* Der Ruinen-und-andere-Schätze-Führer *Ireland observed* meldet über diese erstaunlich festen Reste: Ein Herr Smith habe sich im letzten Jahrhundert dort ein mittelalterliches Schloß bauen wollen, aber bis auf die Tore sei ihm nichts gelungen. Ich glaube hingegen, dieser merkwürdige Schmidt wollte gar nicht mehr als diese beiden Tore bauen. Sie liegen Hunderte von Metern voneinander entfernt in unwegsam hügeliger Landschaft, zwei sehr eigenständige, ulkige Landverzierungen, Follies nach englischer Tradition. Die eine scheint spiegelgleich von außen und innen, die andere, auf einer Brücke, steht wie ein steinernes Ausrufezeichen in einem besonders lieblichen Tal mit einem Wasserfall und grünen Matten, das sich bald zu einem moosigen Rhododendron-Dschungel verdichtet, in dem Wasser tropft und rieselt und Vögel singen wie italienische Koloratur- Sopranistinnen. Ein schwer geheimisvoller, exzentrischer Ort.

Adare Castle am River Maigue, halb zugewuchert und von den Wellen umspült, dessen Eingang man vergeblich sucht und das man eigentlich nur von der Brücke aus betrachten kann. Es steht aber nirgends geschrieben, daß man nicht über die Brüstung klettern und sich durch das Ufergebüsch bis zum Tor durchschlagen darf. Einmal angekommen, gibt es dann kein Halten mehr: durch die Hallen und die bröckelnde Turmtreppe hinauf. Von oben geht der Blick über das neogotische Adare Manor am anderen Ufer und die Ruine eines Klosters aus dem 15. Jahrhundert auf dem angrenzenden Golfplatz. In einem verwunschenen Hof wachsen zwei Baumriesen, eine Roßkastanie und eine Buche, von Efeu gefesselt zusammen. Wo war was in dieser Burg? Wo führten diese Stufen hin? Hier war die Decke, dort der Kamin, hier stand der Tisch, dort lag der große Wolfshund. Kann man durch den Fensterschlitz mit dem Bogen einen Golfspieler erlegen?

Die Würde dieser alten Mauern ist unangetastet, und meistens ist der Weg dahin beschwerlich, über Kartoffeläcker, durch Farmhöfe, nasses Gestrüpp oder beherzt-unauffällig durch eine Herde Jungbullen. Kein Zaun, kein Eintritt, keine Postkartenständer, keine Großkarierten.

In Dingle, County Kerry, fragen wir uns zu Herrn Doyle durch, der eine berühmte *Sea Food Bar* in einer ehemaligen Küche betreibt. Sein Menü hat er auf eine Schiefertafel an der Wand geschrieben. Wir essen Austern, jeder einen Hummer, der uns kurz zuvor noch lebend am Tisch vorgestellt wurde, dazu braune Brötchen, dann Erdbeeren mit Sahne, dann Stilton und Farmhouse Cheese, zwei Flaschen Muscadet. Als wir um neun aus der *Sea Food Bar* treten, geht tatsächlich die Sonne nach einem langen Regentag zwischen den Wolken auf, eine kleine abendliche Sensation, die die Leute von Dingle an die Hafenmauer lockt, wo man bekanntlich gut schwätzen kann. Auf den bunten Fischtrawlern wird noch gehämmert und geschweißt. Nur auf der *Ora et labora* ist es still. Wer sich traut, soll seinen Fuß in diesen verfaulten Zuber setzen und nach Westen segeln, wo der Himmel hell ist, die Sonne möglicherweise um elf noch einmal aufgeht und die Austern kühl durch die Kehle flitzen. Und wer genügend Muscadet an Bord hat, braucht nie mehr wieder anzulegen. Wer aber in Dingle bleibt, tut gut daran, jetzt seinen Abendtrunk zu nehmen, denn wenn die Sonne die Mastspitzen küßt, machen die Kneipen zu. Und dann wollen wir nicht vor der Türe stehen.

Dublin 2000 – Konzert mit Hammer und Schippe

Sonntag, dachte ich, Dublin.
Die Kneipen versiegelt bis auf
ein flüchtiges Stündchen.
Die Kinos zwei, drei Wochen
im voraus ausverkauft.
Nichts zu tun als höchstens im Phoenix Park
die stinkenden Löwen zu begaffen,
die Geier mit ihrem verkleisterten Gefieder,
die aussehen wie in des
Lumpensammlers Kiste gefallen.
(Ray Bradbury)

In Dublin läuft die Zeit. Eine grün schillernde Digitaluhr in der Liffey, deren Antennen wie schwankende Angelruten aus dem Wasser ragen, tickt die Sekunden weg und druckt sie dem Fragenden wohlfeil aus. Als ich mein 20-Pence-Stück in den Kasten auf der O'Connell Bridge stecke, sind es noch 112 778 751 Sekunden bis zum Jahr 2000. Warum ausgerechnet die Zeit, von der es heißt, der liebe Gott habe bei ihrer Erschaffung für die Iren die eine oder andere Viertelstunde großzügig draufgepackt, in der Hauptstadt so pingelig, ja geradezu panisch gemessen wird, ist offenbar dem finalen Einbruch des 20. Jahrhunderts in diese europäische Randexistenz zuzuschreiben. »Lieb' schmutzig Dublin« will – endlich – Weltstadt werden.

Die Zeit läuft – vorerst bis zum 1. Juli 1996. Dann übernimmt Irland für das kommende halbe Jahr die EU-Präsidentschaft, wird Gastgeberin europäischer Konferenzen. In den 45 Limousinen, die es in der Stadt zu mieten gibt, werden Minister herumgondeln, und das Nachsehen haben die Brautpaare, die einmal dick vorfahren wollten. Sie müssen bis zum Januar warten oder den Bus nehmen; den weißen Doppeldecker *wedding bus* der staatlichen Transportgesellschaft CIE.

Ein kleines Opfer. Aus den Töpfen der EU quillt Gold wie einst aus den Kesseln der Wichtelmänner. Dublin, das auf den ersten Blick nur ein wenig geliftet wirkt, ist von einem planerischen Beben erfaßt, von dem man noch nicht weiß, wie heil die alte Dame daraus auftauchen wird. Seit die »Kommission zur Anlage breiter und bequemer Straßen« der Stadt vor 250 Jahren ihre klassischen Viertel verpaßte und sie zur »zweiten Stadt des britischen Empires« erhob – fast so prächtig wie London, aber bei weitem schöner gelegen –, gab es keine ähnlich radikalen Schnitte mehr in ihrem Gefüge.

Die Zeit drängt, und die Hausherrin läßt es nicht mit Einmal-feucht-Durchwischen gut sein, ehe die Gäste kommen. Wenn schon Europa, dann frische Tapeten und neue Möbel: 200 bis 300 Millionen Pfund kostet die neue Straßenbahn, die bis zum Jahr 2000 zwei südliche Vororte mit der City verbinden wird; ein ganzer Stadtteil entsteht an den alten Quays rechts der Liffey; links der Liffey wird ein Straßentunnel den Verkehr zwischen dem Flughafenzubringer und den Docks schlucken. Weitere 15 Millionen fließen in ein Programm, das die traditionell vernachlässigte Nordseite auf Vordermann bringt. Aus der Collins-Kaserne rücken die Soldaten ab und machen Platz für ein Nationalmuseum. »Das Areal ist so schön wie Trinity College«, sagt Dick Gleeson von der Planungsabteilung der Dublin Corporation entzückt.

Die »Corpo« ist eine mächtige und arrogante Behörde, die sich in der Vergangenheit beim Verschleudern von Dublins architektonischem Erbe an Spekulanten und Ignoranten hervorgetan hat. Auch bei künftigen Operationen werden Schwerverletzte auf der Strecke bleiben. (Ein Aufschrei aus Clontarf: Die Bauarbeiten für den Hafentunnel werden den Fairview Park ruinieren; der Abraum die Bay in eine Schlammwüste verwandeln! Einer aus dem Arbeitervorort Ballymun im Norden: Wir brauchen die Tram nötiger als die feinen Pinkel im Süden!)

Der Glaspalast, den die »Corpo« sich selbst am Wood Quay errichtet hat, ist ein Monument ihrer eigenen Schande: Dort wurden vor zwanzig Jahren die Grundmauern der Stadt ausgegraben, das Dublin der Wikinger: Gassen, Feuerstellen, Boote, Töpfe, Bettpfosten, sogar der Müll in den Gruben – das 9. Jahrhundert lag vor aller Augen und wurde von der Behörde abgeräumt, geflutet, zerstört, zubetoniert. Die Zeit drängte ... Und nun gibt es ja auch dieses schöne neue Viking Centre in der ehemaligen Kirche St. Michael and John im Schatten der Corporation-Panzerschränke.

Ein Spaziergang durch *Dublin fair City* gleicht so einem Wandel auf schmalem Grat: Der Absturz liegt nahe, aber auch das Glück in großer Höhe. »Die Stadt der Städte« nannte Brendan Behan sie, »nicht zu schlagen, wenn das Wetter einigermaßen schön ist.« Dann ist Dublin Wasser- und Hügel-Stadt, so blau wie die

Wicklow mountains, die sich am Ende langer Straßenfluchten erheben, so frisch und weit wie das Meer, in das die Liffey sich verliert. Unschlagbar die strenge Eleganz der Plätze, Merrion und Fitzwilliam Square, die Linien der Brücken, das Backsteinglühen der Liberties. Atemberaubend darin die kleine Rothaarige in Giftgrün. Das Rasenfell von St. Stephen's Green funkelt, und überall gibt es Aufruhr und Gesprächsstoff: Ein Köter jagt einen im Park ansässigen Gockel durch die Rabatten. Ein Junge auf Rollerblades zwickt mich im Vorbeihuschen in den Hintern: »Warum machst du nicht mal ein Foto von einem tollen Typ wie mir?« Unberührt vom Baugewühle geht der Markt in Moore Street seinen alten Gang. Stimmen wie Blechtrompeten: »Cigarääääds«. Und Erdbeeren, ein Körbchen irische oder zwei Körbchen französische für ein Pfund. »Take the Irish ones, love, you'll enjoy them so much more.«

Die Zeit läuft, aber es liegt nicht in der Natur der Gastgeberin, unziemliche Hektik vorzulegen. Ihr Rhythmus gleicht eher dem Trott eines Volks-Marathons, bei dem die Teilnehmer ihre eigene Richtung wählen. Die halbe Stadt scheint ständig auf den Beinen. Man wirft sich unerschrocken roten Ampeln entgegen, behindert einander nach Kräften, ohne darüber Geduld und Geschmeidigkeit zu verlieren. Wo neue Bürgersteig-Platten verlegt werden, fallen Passanten über Schippenstiele, treibt der rettende Sprung vor dem malmenden Blech sie über Sandberge und in klaffende Gruben. Was die Bemeisterung des Verkehrs angeht, haben die Dubliner den Weltstadt-Test bereits bestanden.

Doch am schönsten ist der Abend am Fluß, in der

»Stunde der Lieblichkeit« (Sean O'Casey), wenn das Gerenne vorbei ist und sich ein leichtgeflügelter Frieden herabsenkt. Wenn die Leute schweigend auf ihren Bus warten und die untergehende Sonne das schleimige Grün an den Kaimauern in einen leuchtenden Teppich verwandelt. Fassaden brennen noch einmal in Feuerwehrrot und Löwenzahngelb. Flußauf und flußab vom anmutigen Schwung der Ha'penny Bridge erscheint mir alles sehenswert und vieles verzeihlich.

Hörbar wird tagsüber die Zukunft aus dem Boden gestampft: Am Custom House Quay, haarscharf neben dem prachtvollen Zollhaus von 1791 – »Dublin's glory and Dublin's pride«, ist ein internationales Finanz-Zentrum entstanden, eine Metropolis-Fabrik aus grünem Glas, dazu Appartementhäuser auf Stelzen über den alten Hafenbecken. Das war einmal keine feine Gegend; Sheriff Street, aber wie heruntergekommen auch immer: Die Bewohner wehrten sich gegen ihre Umsiedlung aus der City. Inzwischen bilden die leeren, zum Teil ausgebrannten Wohnblocks den Hintergrund zu Rabatten, Bänken und Laternen. Zwischen Reihen junger Linden eilen Herren in gedeckten Anzügen und mit über den Schultern flatternden Schlipsen ihren Terminen zu.

Es kommt noch rasanter. »Was wird das hier, wenn's fertig ist?« frage ich im Zentrum einen Herrn, der in seiner Ladentür steht und über den Bauzaun auf die andere Straßenseite von Duke Street blickt. »Das wird alles Marks 'n Sparks.« Hinter den entkernten Fassaden würdiger Einzelhändler und Dublins einstmals elegantestem Warenhaus »Brown Thomas« wächst über die ganze Straßenlänge eine Allerwelts-Kaufhalle. Und *The*

Bailey, die Bar, in der die Tür von Leopold Blooms Adresse, Eccles Street Nr. 7, eingemauert war? »Die kommt wieder rein.« Als Replik. Und da vorne an der Ecke, war das nicht Callaghan's mit den Reitersachen und dem Pferdekopf über der Tür? Weg ist er. »Nur ein britischer Konzern kann sich solche Grundstückspreise leisten«, sagt der Herr und klopft mir tröstend auf die Schulter. »Never mind, it could be worse.«

Wieviel schlimmer? In Westmoreland Street ist es der Hilton-Konzern, der einen Block alter Häuser aushöhlt. Jedes Gebäude in Dublin verrät seinen Zweck – von den graumächtigen Kathedralen bis zum diskreten Charme georgianischer Residenzen. Was diktiert nun einen solchen Einbruch und Fassadenschwindel? Dummheit? Gier? Gleichgültigkeit?

»Die Iren sind Bauern«, schnarrt ein alter Herr, der in Henrietta Street in einem Hauseingang steht und mit mir ins Gespräch kommt, als ich mir die Plaketten-Texte von den Mauern abschreibe. Im grauen, leicht ausgefransten Anzug und nicht vollkommen reinem Hemdkragen ist er Vertreter einer Spezies, die bessere Tage gesehen hat, und als solcher die ideale Besetzung für Henrietta Street; Stadtstreicher, nicht Sumpftrotter. »Bauern haben keinen Bezug zur Stadtkultur, keinen Sinn für das, was wir hier neuerdings unser ›Erbe‹ nennen. Nur ans alte Unrecht erinnern sie sich gern.«

In Henrietta Street stehen die frühesten georgianischen Stadtpaläste, deren Dublin sich rühmen könnte, seit Jahrzehnten verlassen, aufgegeben, schwarz angelaufen und mit blinden Scheiben. Schon James Joyce hatte »eine Horde schmieriger Kinder« in dieser Straße gesehen, »winziges, ungezieferhaftes Leben im

Schatten der hageren, geisterhaften Patrizierhäuser, in denen einst der alte Adel Dublins bramarbasiert hatte.« In Nummer 5 residierte 1750 ein Erzbischof »in polnischer Magnifizenz«, in Nummer 7 ein Herr vom Schatzamt, umgeben von »Pariser Luxus«. Ihre Salons wurden in jämmerliche Mietwohnungen unterteilt, ihre Keller brachen ein, als die Dublin Corporation das Kopfsteinpflaster teeren ließ. »Sie lassen die Häuser dafür büßen, daß sie von Briten erbaut und von Briten bewohnt wurden«, sagt der alte Herr und macht die Türe hinter sich zu.

Vielleicht gelingt es der Präsidentin Mary Robinson, die zur fraglichen Zeit auf Staatsbesuch in London weilte, das nachbarliche Verhältnis zu entspannen. »Ich gucke gern auf Mary«, wird ein Zaungast aus Tipperary in der Zeitung zitiert, »aber sie hat hitzige, neumodische Ideen.« Nun hat sie der Queen die Hand geschüttelt. Was kommt als nächstes?

Das neue »Kulturviertel« Temple Bar schuldet den Briten nichts, weder breite Straßen noch repräsentative Gebäude. Vor 15 Jahren war dieses städtische Filetstück am Fluß – seit jeher ein Patchwork kleiner Geschäfte und Betriebe – dazu verdammt, für ein Busdepot ausradiert zu werden. Ein paar Kleinbürger und exzentrische Figuren lebten in den zusammenbröselnden Altbauten. Inzwischen haben irische Gremien und die EU rund 100 Millionen Pfund in die modellhafte Wiederbelebung einer ziemlich toten Hose investiert. »Da wurde zu viel Geld an irgendwelchen Mist verschwendet«, sagt Michael Smith von An Taisce, dem irischen National Trust. Erhaltenswerte Bausubstanz sei leichtfertig abgeräumt worden – und die darin beheimatete

Bohème-Szene gleich mit. Temple Bar boomt – vordergründig auf der Kneipen-, Rock- und Boutiquen-Szene; doch in sehr schönen, klaren neuen Häusern, die selbstbewußt die Lücken zwischen den Fassaden des 18. Jahrhunderts füllen, haben sich auch das Irish Film Centre, ein Music Centre und das Arthouse für visuelle Kunst eingerichtet. In einem raffinierten Greenhouse entscheidet der Computer morgens nach dem Wetterbericht, ob er auf Sonnen- oder Windenergie schalten wird (vorwiegend Wind); und vom Dach eines anderen verrückten Gebäudes sprießen krumme Metallfühler in den Himmel und erinnern von ferne an das in Dublin vertrautere Bild von Ritzengestrüpp aus alten Fassaden.

Das Versammlungshaus der Presbyterianer von 1715 beherbergt nun ein Kulturzentrum für Kinder. Es gibt Theater, Galerien, Ateliers, eine Druckerei, eine Schauspielschule – und öffentliche Plätze, auf die noch zagend die ersten Stühle gerückt werden; ein Hauch von Knoblauch und Kaffee, und statt des Fiedlers an der Ecke bläst ein Punk auf dem australischen Didgeridoo. Den Antritt der EU-Präsidentschaft will man in Temple Bar mit einem großen Trommelkonzert auf und mit Bauwerkzeugen begehen, ein kreatives Echo auf das allgegenwärtige Gerumpel der Betonmischer und Schmettern der Preßlufthämmer.

»In meiner Jugend war Dublin die Welthauptstadt der Langeweile«, schreibt der Autor Joe O'Connor. »Jetzt ist etwas sehr Sonderbares geschehen. Dublin ist die neue europäische Kapitale von Stil, Kultur und Hipness. Popstars und Supermodels fühlen sich von Dublin magisch angezogen wie Krabbelkinder von Hundewürstchen.«

Bono und the Edge, Mitglieder der Rockgruppe U2 haben das sympathisch vermuffte, vom Abriß bedrohte Clarence Hotel gekauft und für 50 Millionen Pfund glänzend restaurieren lassen. (Das Landvolk wird hier nicht mehr für Zimmerpreise ab 130 Pfund absteigen.) Sharon Stone möchte übersiedeln, weil sie die irischen Dichter so bewundere, »Dylan Thomas und die anderen« ... War der nicht ...? Never mind, auch ein Kelte.

Vor der fortschreitenden Templebarisierung und den saftigen Mieten sind die Garagenkünstler der ersten Generation geflüchtet. Ob hier auch einmal, wie versprochen, Studenten, junge Familien und Sozialhilfeempfänger wohnen werden, bleibt abzuwarten; daß ein langweiliger Gemüsehändler, ein Wettbüro oder ein Fish and Chips-Stand eröffnen werden, ist eher unwahrscheinlich. Und Sinéad O'Connor, die mit 14 Jahren im *Bad Ass Cafe* Pizza servierte, hat inzwischen auch einen besseren Job gefunden.

Am letzten Tag meldet die *Irish Times* den vollen Erfolg von Präsidentin Robinsons England-Visite. Zum erstenmal sei die irische Nationalhymne vor dem Buckingham Palast erklungen. Zum Lunch wurde Huhn mit dreierlei Gemüse in den Farben Irlands (orange, weiß und grün) gereicht. Die Irish Guards marschierten zum Klang von *Whiskey in the Jar*. Die Präsidentin trug ein leuchtend smaragdgrünes Seiden-Ensemble, und während die Queen sich im rosa Geblümten politisch nicht festlegen ließ, zeigte Prinz Edward Flagge mit einem kleegrünen Taschentuch. Europa, wir kommen!

Canal Grande

O gedenke mein, wo Wasser fließt,
Kanalwasser am liebsten, so leise
Und grünlich im Herzen des Sommers, Bruder,
Gedenke mein auf diese hübsche Weise.
Wo bei einer Schleusenkammer niagarisch tost
Der Wasserfall, dem, der im ungeheuren Schweigen
Eines Julitages sitzt. Niemand dichtet Prosa,
Dem sich solch parnaß'sche Inseln zeigen.
Bedauernd zieht und mit gebeugtem Haupt ein Schwan,
Aus Brückenaugen blickt ein wundersamer Lichtstrahl –
Und siehe! aus Athy und andern unbekannten
Städten Mythen bringend, naht ein Kahn.
O gedenke mein mit keinem Heldenmal
– eine Sitzbank am Kanal begrüße den Passanten.
(Patrick Kavanagh)

Die *Pomeroy* sieht aus, als sei sie zum Kentern im Straßengraben geschaffen: eine lange, schmale Schachtel mit je acht Fenstern nach back- und steuerbord auf flachem Kiel. Und doch war diese Seifenkiste ein »flyboat«, das von Dublin über Shannon Harbour und bis nach Ballinasloe »flog«. Ihre Straße war der Grand Canal; sie »machte« acht Meilen in der Stunde und war noch viel schneller, denn an den Schleusen gab es jedesmal einen Halt. Doch unter den Brücken legten die Pferde, die das Boot an einer langen Treidel-Leine zogen, nur die Ohren an, und die Reiter in den blauen Röcken und roten Westen beugten den steifen Hut, und so ging es im gestreckten Galopp und mit schwappender Bugwelle durch das Bog of Allen nach Tullamore und weiter. Die *Pomeroy*, 1849 außer Dienst gestellt, war nach einem Direktor der Grand Canal Company benannt, dem Honourable Reverend J. Pomeroy (»Happy new year, Sophie gal«), und alles was von ihr blieb, ist ein Modell im Dubliner Civic Museum.

Alles was vom Grand Canal einmal bleiben sollte, war ein Abwasser-Vorfluter mit einer Schnellstraße als Deckel. Allzu verlockend umschließt dieser Wasserweg von Ringsend an der Liffey-Mündung die Peripherie der Dubliner Innenstadt, um sich dann geradewegs nach Clondalkin und ins westliche Hinterland zu erstrecken, knapp 80 Meilen bis zum Shannon. In den 70er Jahren machte die Dublin Corporation mit ausgedienten Verkehrsadern wie dieser gern kurzen Prozeß, dienten sie den Anwohnern ohnehin als Müllgruben und war es der lokalen Jugend seit jeher ein Sport, die Schleusentore zu demolieren. Es ist Bürgerinitiativen wie der »Inland Waterways Association« zu verdanken, daß der Grand Canal und sein Pendant im Norden, der Royal Canal, nicht unter die Bagger fielen, sondern sich erneuter Wertschätzung erfreuen.

Die Geschichte der irischen Kanäle ist ein abenteuerliches Auf und Ab aus Vetternwirtschaft, meisterlicher logistischer und handwerklicher Kunst, groß angelegter Geldverschwendung und Stümperei. Im neuen Waterways Centre, das wie das weiße Oberdeck eines Dampfers im Hafenbecken von Ringsend liegt, kann sich der Besucher mit dem Computer an der Kanal-Konstruktion versuchen, und es sei ihm ein

Trost, wenn er Millionen Pfund in einer unmöglichen Streckenführung, Befestigung und Wasserversorgung verpulvert hat, daß die Ingenieure des Royal Canal vor 200 Jahren auch nicht besser gefahren sind und ihr Budget für die komplette Strecke von 93 Meilen bereis nach den ersten 14 erschöpft hatten.

Sicher half es nicht, daß bei Baubeginn des Royal nicht viel mehr als die Himmelsrichtung feststand. Man grub mutig drauflos und entschied unterwegs über die Anzahl der Schleusen, ob Felsmassen durchbohrt oder umschifft, Moore trockengelegt oder befestigt, Flüsse per Aquädukt überspannt oder als Wasserweg genutzt werden sollten und auch, ob es nicht ratsam wäre, dem Herzog von Leinster – einem der Hauptaktionäre – den Gefallen einer Anbindung seiner Ländereien zu erweisen. Ob ein zweiter Kanal von Ost nach West sich überhaupt rentierte, wurde offenbar nie in Erwägung gezogen.

Ein einziger hätte natürlich auch gereicht: der Grand Canal, der 1756 seinen Ausgang von Dublin nahm. 1784 hatte er Robertstown und Lowtown erreicht und damit seinen höchsten Punkt. 47 Jahre nach dem Anstich und mit der 44. Schleuse war er in Shannon Harbour angekommen. Doch 1780, irgendwo zwischen Schleuse 11 und 13, gab es einen Eklat: Einer der Direktoren, ein Schuster namens John Binns, der sich mit den anderen Gentlemen im Komitee überworfen hatte, scherte aus der Grand Canal Company aus und beschloß, den arroganten Schnöseln mit einem Konkurrenz-Unternehmen den Gewinn abzuknöpfen. Sein Wasserweg sollte schräg gegenüber der Ringsend-Schleuse am North Wall in die Liffey münden, im

Rücken des heutigen Mountjoy Gefängnisses (wo die alte Triangel dengelt *all along the banks of the Royal Canal*) und nördlich des Phoenix Parks entlangführen, um über Mullingar auf Lough Ree zuzulaufen. 1817 hatten sich Ingenieure und Baukolonnen – von planerischen und finanziellen Desastern begleitet – endlich bis Clondra am Shannon durchgeschlagen. Der bankrotte Mr. Binns war längst gestorben, jedoch ist er der einzige der vielen eminenten Kanal-Persönlichkeiten, nach dem zwei steinerne Brücken benannt sind; eine über den Royal bei Drumcondra und eine über den Grand Canal bei Robertstown.

In den Zeiten ohne Schiene und Straßenpflaster boten die Kanäle den Luxus schneller und glatter Fortbewegung. Von Dublin nach Shannon Harbour reiste man vier Tage im gemächlichen Passagierboot. In der Kabine der »common class« konnten an jeder Längsseite »15 nicht-krinolierte Individuen« auf hart gepolsterten Bänken Platz nehmen. In der Mitte bullerte ein Ofen, und in Höhe von Portobello wurde das Essen aufgetragen: Kartoffeln, Rüben, Schinken, Porter und »die ewig halbgare Hammelkeule, die in einem blutigen Meer aus Fett und Soße schwamm«, wie sich Anthony Trollope erinnerte. Man hört von randalierenden Trunkenbolden an Bord, und gelegentlich fiel einer ins Wasser und ertrank.

Die stattlichen Hotels der Kanalgesellschaften boten willkommene Ruhe und Abwechslung. 2 Shilling 6 Pence kostete das Bett für den Einzelreisenden, Diener die Hälfte. Der flyboat-Express verkürzte die Reisezeit beträchtlich; allerdings reichte man unterwegs lediglich einen kalten Imbiß und eine begrenzte Quantität an Bier und Whiskey-Punsch.

In Spitzenjahren stiegen auf dem Grand Canal über 100 000 und auf dem Royal rund 46 000 Passagiere ein. Als in den 40er Jahren des letzten Jahrhunderts die Kartoffelpest die Ernten vernichtete und den Westen Irlands entvölkerte, senkten die Kanal-Gesellschaften die Fahrpreise, damit die Emigranten problemlos in Dublin ihren Anschluß nach Amerika erreichten.

Im Schritt, nicht im Galopp treidelten schwere Rösser die flachen Barken mit Torf, Kohle, Getreide, Kartoffeln und Vieh nach Dublin hinein und mit Dünger und Guinness wieder zurück nach Westen. Die große Brauerei hatte einen eigenen Stichkanal zu ihrem Hafen mitten in der Stadt mit hohen Speicherhäusern, Möwen und der *Harbour Lights Bar.* Er ist längst zugeschüttet, und auf dem ehemaligen Wasserweg wachsen große Bäume. Es war ein gern geübter Brauch der Bierschiffer, unterwegs ein Fäßchen anzubohren, eine Runde für alle abzuzapfen und das Löchlein mit einem Heidekrautzweig unsichtbar wieder zu verschließen. »Trockene« Kähne auf dem Rückweg in die Stadt bekamen einen Krug Stout hinübergereicht, für den sie sich – im Besitz neuer Ladung – zu revanchieren hatten.

Der Royal Canal, verwunschener und pittoresker als der Grand Canal, erreichte nie das Fracht- und Passagier-Aufkommen seines Konkurrenten. Aber beide konnten es weder mit der Eisenbahn noch mit der Straße aufnehmen. 1852 wurde der Passagier-Verkehr eingestellt; die Lastkähne hatten noch ein knappes Jahrhundert vor sich. Als Irland im Zweiten Weltkrieg von Benzin- und Kohleimporten abgeschnitten war, erlebten die Kanäle am absterbenden Ast noch einmal eine kurze Blüte. Sogar Treidelpferde marschierten wieder mit sanftem klop klop am Ufer entlang. Der englische Autor Tom Rolt, der 1946 als einer der letzten Freizeitkapitäne von Dublin zum Shannon schipperte, ahnte nicht, daß er mit seinem Reisebuch *Green and Silver* den Abgesang auf den Royal Canal schrieb. »Ich fühle eine Art traurige Genugtuung, daß ich der Nachwelt noch fünf vor zwölf überliefert habe, was es wirklich hieß, auf dieser aufgegebenen Wasserstraße zu reisen.« 1954 fuhr das letzte Boot durch den Royal, 1960 verließ das letzte Guinness-Schiff St. James's Harbour, und auch der Grand Canal wurde geschlossen.

Rolt sah ein bereits zerfallendes Industriedenkmal: verlassene Häfen; verrottete Schleusentore; Mauerwerk, das jahrelang nicht benetzt und aus dem die Hortensien sprossen, – und eine sterbende Welt: das Cottage, in dem der eiserne Topf über dem Torffeuer hing, der Krämer, der nicht nur Zucker und Speck verpackte und zwischendurch Bier für die Kundschaft zapfte, sondern auch »irische Anzüge und Leichentücher« feilbot. Und immer wieder war Rolt bezaubert von der Hilfsbereitschaft, Gastfreundschaft und generellen guten Laune der Kelten, die so vorteilhaft von der grimmigen Disposition des durchschnittlichen Angelsachsen abstach. Selbst wenn die Kanäle eine neue Ära als Freizeitreviere erleben sollten, schrieb er, so brächte doch nichts die Gerüche und Stimmen zurück, die der Arbeitswelt eigen sind, und mit Wehmut lauschte er dem Takt der Bolinder-Maschine nach, wenn ein einsamer Lastkahn in der Abenddämmerung seinen Liegeplatz passierte.

Nun ist der Tourismus tatsächlich einer der Retter der irischen Wasserwege geworden, des Shannon, des Barrow, des Grand und Royal Canals und der wieder schiffbar gemachten Shannon-Erne-Verbindung. Noch ragen in Ringsend die Gespensterfassaden alter Fabriken aus dem Wasser, weht der Geruch des Katzen- und Hundeheims am Grand Canal Quay, aber in den Modellen der Stadtplaner haben Bootswerften, Geschäfte und Restaurants dort eröffnet, sitzen Anwohner und Touristen schon unterm Sonnenschirm. Wo es kein Brot mehr gibt, reicht man Kuchen. Wo die Arbeit abgeschafft wurde, lärmt die Freizeit. Ein Wunder.

Schön begrünt und unter alten Bäumen fließt der Grand Canal zwischen Mount und Leeson Street, vorbei an der Bank, auf der der Dichter Kavanagh das »niagarische Tosen« in den Schleusenkammern vernahm. Wenn man wollte, könnte man von Dublin bis zum Shannon zu Fuß gehen, aber sehr schön ist es nicht stadtauswärts, und auch die Sportboote, die vom Land kommen, sehen zu, daß sie vor Einbruch der Dunkelheit Ringsend erreichen, denn der seit Beginn des 19. Jahrhunderts dokumentierte Brauch Dubliner Gören, Steine auf vorübergleitende Boote zu werfen, hat sich in dieser Gegend tadellos gehalten. Auf dem »long acre«, dem kommunalen Wiesenstreifen entlang des Wassers, weiden Tinker ihre gescheckten Pferde mit den zottigen Fesseln. Den Architekten und Stadtplanern des 18. Jahrhunderts erschien die Nachbarschaft des Kanals als Wohngebiet undenkbar; hier gab es Krach und Betrieb, schlechte Luft und rauhe Gesellschaft. Folglich wenden die wenigen niedrigen Reihenhäuser dem stillen Gewässer noch immer den Rücken zu. Brachland mit Butterblumen und Weißdorn – dahinter Hochspannungsmasten und Industrie; ein Einkaufszentrum soll hier gebaut werden. Was denn sonst.

Hinaus aufs Land, zu Teichrosen und Schwänen, Fischreihern im Schilf und von Wiesenkümmel überschäumenden Uferbänken! Vor der 17. Schleuse haben drei Jungen in roter, blauer und weißer Hose auf dem käsebleichen Leib ihren Badeplatz, springen mit Gebrüll ins Wasser. Gar nicht kalt und klar bis zum Grund. Bei Robertstown erreicht der Kanal sein höchstes Terrain, beginnt danach den Abstieg durchs Moor in einer schnurgeraden Rinne zwischen aufgeschütteten Banketten. Es war ein Kunststück der Ingenieure und ein rückenbrechender Job, den Wasserweg durch dieses bereits schwimmende Gelände zu verlegen.

In Robertstown wechselten Passagiere und Güter vom Barrow auf den Kanal. Heute spielen Kinder Fußball auf der Straßenkreuzung, um die sich zwei Krämer, vier Kneipen und die Poststelle versammelt haben. Sonst ist es sehr still. Ein Pier und die Ruinen der Grand Canal Stores sind die einzigen Zeichen einer geschäftigeren Vergangenheit. Und das Hotel – georgian natürlich, mächtig, aber gut proportioniert, mit einer Uhr im Giebel (auf ewig fünf vor drei) und in einem unkleidsamen Tomatensuppenton verputzt. Es ist das letzte von fünf Etablissements, in dem der Reisende auf einem Klappstuhl noch eine Tasse Tee genießen kann. Die Hotels in Tullamore und Sallins sind verschwunden, Portobello ist ein College, Shannon Harbour eine Ruine.

In den 70er Jahren hatte Father Murphy, ein Priester, den seine geistlichen Pflichten nicht gänzlich auslasteten, Bankette bei Musik und Kerzenschein im alten Speisesaal inszeniert und die Gäste auf einer Barke unter der gebuckelten Steinbrücke hindurch in die

Schleuse von Lowtown treideln lassen. Nach seinem Tod mußte das Hotel bald zusperren, doch nun regt sich neuer Bürgerwille, das große Haus, das wie eine Glucke zwischen Nestrand und Wasserstraße hockt, mit einer Teestube und einem Museum wieder zu beleben und Schulklassen auf dem Lastkahn durch die Schleuse zu schicken. Wißt Ihr, was ein Kanal ist, Kinder? Ein Fluß. Nein, kein Fluß; Menschenwerk, sehr alt, sehr würdig und sehr der Sorge der nächsten Generation anempfohlen.

Nach Westen

Die Zeit war für ihn gekommen,
seine Reise gen Westen anzutreten.
Ja, die Zeitungen hatten recht:
Schneefall in ganz Irland.
Schnee fiel überall auf die dunkle Zentralebene,
auf die baumlosen Hügel,
fiel sacht auf den Bog of Allen, und
weiter gen Westen fiel er sacht in die
dunklen aufrührerischen Wellen des Shannon.
(James Joyce: Die Toten)

In den fünfziger Jahren reiste der Dichter Böll nach Mayo und damit ans Ende der Welt: Auf den Bahnsteigen im Moor warteten kleine Apfel- und Pfefferminz-Verkäufer auf den Zug, und je weiter er nach Westen vordrang, um so weniger wurden die Zigarettenballen im Güterwagen. Noch zwei Ballen, zwei Stationen bis Westport. Das deutsche Geld mußte zum Einwechseln nach Dublin zurückgeschickt werden …

Heute ist das nicht mehr so; der Intercity rauscht bis nach Westport, aber hinter Roscommon werden die aussteigenden Passagiere – wenn sie nicht ins freie Feld hüpfen wollen – in die vorderen Waggons gebeten, denn die Bahnsteige im Westen sind immer noch klein und so niedrig, daß der Stationsvorsteher ein Holztreppchen vor die Zugtüren schiebt.

Mayo bedeutet auf gälisch die Ebene der Eiben. Zur Zeit der Kelten mögen hier auch noch die Eichhörnchen herumgesprungen sein; heute ist Mayo ein endloses, schwarzbraunes Torfmoor, auf dem nur Heidekraut und andere genügsame Pflanzen gedeihen. Etwa siebzehn Prozent der Inseloberfläche sind mit diesem nassen, sauren Stoff bedeckt, der eine der wichtigsten Rohstoffquellen für das Land bildet. Zwanzig Prozent des gesamten Energiebedarfs werden vom Torf abgedeckt. Vor den Cottages im Westen liegen die dicken, getrockneten Soden aufgeschichtet, und im Vorübergehen riecht man den herben Rauch, an dem man Irland mit geschlossenen Augen erkennen könnte: Torffeuer.

Mit Torf werden im großen Stil Kraftwerke befeuert, und dafür fräsen sich monströse Bagger durch die Landschaft, die die Erdschwarte abschürfen und wie Spreu von sich spucken. Das sieht überraschend brutal aus, auch wenn von kompetenter Seite versichert wird, es entstünde kein Schaden, da nur die oberste Schicht abgetragen und die wüsten Löcher aufgeforstet würden.

Das Torfmoos, das den schwarzen Speck bildet, findet in Irland zwar ideale Klimabedingungen, und seitdem die Wälder des Landes bis zum 18. Jahrhundert in den Eisenschmelzen und im Schiffsbau der Engländer fast gänzlich verschwunden waren, breitete sich die Pflanze über weite Gebiete in den Midlands und im Westen aus. Aber sehr üppig ist diese Schicht nicht: In tausend Jahren wächst nur ungefähr ein Meter Torf. Wo in der Zwischenzeit bleibt, was im Moor krabbelt, fliegt und schleicht, wohin sich das Grundwasser verdünnisiert und was die Radikalrasur für das Klima bedeutet, darüber sprechen die Experten weniger gern.

Im übrigen sorgt das irische Schaf dafür, daß kein Wald nachwächst. Die Hügel im Westen, die so wundervoll naturbelassen wirken, sind eine irische Sahelzone: hoffnungslos überweidet.

Im Moor von Mayo und Galway wurden die bisher reichsten Funde der Frühgeschichte zutage gefördert, und zwar in hervorragendem Zustand, da der Boden luftdicht und frei von zersetzenden Bakterien ist: ein über fünzehn Meter langes Kanu, Tuchreste, Lederschuhe, Holzteller, Löffel, Ruder, Kämme und der erstaunlichste Fund von allen: Butter. Die Bauern hatten sie im Moor vergraben, um sie bis zum nächsten Markttag frischzuhalten. Manchmal blieb sie dann aus irgendeinem Grund in ihrer Holzschachtel, Tuch- oder Lederhülle fünfzig, hundert oder zweihundert Jahre lang im Moor stecken. Man hat sie gekostet; sie soll noch genießbar gewesen sein.

Galway und Mayo sind das Herzstück von Connacht, der alten Westprovinz, in die Cromwell im 17. Jahrhundert den katholischen Adel verbannte – ein Land von herzbeklemmender Schönheit, aber kaum geeignet, die Menschen zu ernähren, die von ihm lebten. Die Kleinbauern früherer Jahrhunderte pflegten deshalb, wenn sie ihre Vorräte aufgegessen hatten, ihre Hütten zu vernageln und bis zur nächsten Kartoffelernte betteln zu gehen. Bevor 1845 die schweren Hungersnöte ausbrachen, war der Westen übervölkert; unterteilt in Tausende von winzigen, steinigen Äckern, die immer weiter unterverpachtet wurden und immer mehr Menschen ernähren sollten. Obwohl vorauszusehen war, daß eine Mißernte bei dieser Art der Monokultur eine soziale und ökonomische Katastrophe nach sich ziehen würde, taten die englischen Grundherren und Politiker nichts zu ihrer Vorbeugung. Die Kartoffelpest, die 1845, 46 und 48 die Ernten vernichtete, führte dann auch zum Tod von Hunderttausenden. Wer das Geld für eine Schiffspassage aufbringen konnte, emigrierte in die Neue Welt, zuerst in »coffin ships«, Lastschiffen, die in Irland Holz aus- und Menschen einluden, später im Zwischendeck der Luxusliner, die wie die *Titanic* für die Passagiere der letzten Klasse ebenfalls zu einem schwimmenden Sarg wurden.

Die Briten halfen mit Suppenküchen und Straßenbau – manche davon gänzlich unsinnige Vorhaben: Mauern und Wege, die irgendwo im Moor enden – und warben neunzig Prozent ihrer Indienarmee in Irland an. Mancher Bauernjunge hatte nur die Wahl, auf seinem Stückchen Pachtland zu verhungern oder als Kanonenfutter hinauszufahren – Johnny, I hardly knew ye.

Die Bevölkerung sank von 9 auf 6,5 Millionen. Noch zwanzig Jahre später lagen ganze Landstriche im Westen verödet. Heinrich Böll ist bei einem Spaziergang über Achill Island auf das »Skelett einer menschlichen Siedlung« gestoßen, Slievemore Village, das von seinen Bewohnern vor mehr als hundert Jahren verlassen worden war: »Rohbauten, die auf den Zimmermann zu warten schienen: graue Steinmauern, dunkle Fensterhöhlen, kein Stück Holz, kein Fetzen Stoff, nichts Farbiges, wie ein Körper ohne Haare, ohne Augen, ohne Fleisch und Blut: das Skelett eines Dorfes, grausam deutlich in seiner Struktur: dort die Hauptstraße; an der Biegung, wo der kleine runde Platz ist, muß eine Kneipe gewesen sein. Eine Nebengasse, noch eine. Alles, was nicht Stein war, weggenagt von Regen, Sonne und Wind – und von der Zeit, die geduldig über alles hinträufelt: vierundzwanzig große Tropfen Zeit pro Tag: die Säure, die so unmerklich alles zerfrißt wie Resignation ...«

In Mayo gründete Michael Davitt 1879 die Landliga, die die irischen Kleinbauern endlich von ihren Herren befreien sollte. Friedrich Engels, der zehn Jahre zuvor eine ausgedehnte Reise durch Irland unternommen hatte, äußerte sich zu den Verhältnissen: »Die Grundbesitzer, überall anderswo verbürgerlicht, sind hier komplett verlumpt. Ihre Landbesitze sind mit enormen, wunderschönen Parks umgeben, aber rundherum ist Wüste, und wo das Geld herkommen soll, ist nirgends zu sehen. Diese Kerle sind zum Totschießen.« Achtzig Prozent allen nutzbaren Bodens befanden sich im Besitz von weniger als 4000 Landlords; nur drei Prozent der Bauern besaßen eigenes Land. Die Mehrheit waren Pächter, die auf Gedeih und Verderb den Launen und »Bedürfnissen« ihrer Junker ausgeliefert waren, – absentees –, die oft nur in der Jagdsaison aus England herüberkamen und es ihren Verwaltern überließen, den Pächtern das Geld abzupressen und, falls sie nicht in der Lage waren zu zahlen, sie mit Polizeigewalt aus der Hütte zu treiben und die Türe zuzumauern. Ob die Leute auf der Straße verhungerten oder die Familien in den Armenhäusern auseinandergerissen wurden, war dann nicht mehr die Sorge ihrer Lords. 1878 waren über 1700 Pächter auf diese Weise obdachlos geworden, im Jahr darauf mehr als 2600.

Maud Gonne, britische Offizierstochter, sehr jung und sehr upper middle class, erfuhr bei einem Besuch auf einem Landsitz im Westen von den Gepflogenheiten dieser Herren. Es war ein Abend, der ihr Leben veränderte, und sie beschreibt ihn so in ihrer Autobiographie: »Ich versuchte schüchtern, mit meinem Gastgeber Konversation zu machen, während er entschlossen sein Dinner vertilgte und nicht zum Sprechen aufgelegt schien. Also wandte ich mich an meinen anderen Nachbarn und erkundigte mich nach der Jagd ... ›Damit steht's sehr schlecht hier bei uns‹, erwiderte er düster. Plötzlich sprach unser Gastgeber mit lauter Stimme, die alle verblüffte. ›Diese verdammte Landliga ruiniert das Land‹, und nachdem er einmal angefangen hatte, war kein Halten mehr. ›Oh Ronny, bitte sprich von etwas anderem‹, sagte seine Frau, beschwörend, aber völlig vergeblich. ›Ah‹, fuhr er fort, ›wir werden ja sehen, wer am längsten durchhält. Sie würden uns gern die Jagd verderben, diese Soundsos. Als ich heute abend nach Hause kam, sah ich Paddy Ward und seine Familie im Straßengraben liegen. Seine Frau sieht nicht aus, als würde sie die Nacht überleben. Ich hielt an und sagte ihm, daß er sich selbst ihren Tod zuzuschreiben hätte. Ich hatte ihn gewarnt, was passiert, wenn er der Landliga beitritt. Jetzt hat er kein Dach und keinen Schutz für seine Familie, und die Frau wird vor morgen früh tot sein.‹ ›Und Sie haben nicht eingegriffen?‹ rief ich aus. ›Laß sie sterben‹, antwortete er. ›Diesen Leuten muß eine Lektion erteilt werden‹, und er fuhr mit seinem Dinner fort.« Miss Gonne telegrafierte noch in derselben Nacht ihrem Vater, daß er den Wagen schicken möge. Fortan haßte sie die Nation, der sie selbst angehörte, und konnte deren Individuen nur ertragen, »wenn ich vergaß, daß sie Engländer waren.«

Der Westen hat sich von diesem sozialen Beben nie erholt. Was heute dort so unästhetisch die Landschaft sprenkelt, sind die Ferienhäuser auswärtiger Leute. Irlands Westen ist noch immer Auswanderungsland und versorgt England mit Straßenarbeitern, Serviererinnen und Krankenschwestern. Denn in Irland wird auch noch jedes Kind geboren, und sei's das elfte. God blessed her, und sein erleuchteter Stellvertreter auf Erden sorgt dafür, daß dort alles beim alten bleibt.

Nicht alle treibt die wirtschaftliche Not, sondern die geistige Enge, der Druck der Kirche, die soziale Kontrolle hinaus. Das kleine Irland hat einen Fundus von großen Talenten, aber die unangepaßten sind seit jeher geflohen: Goldsmith, Wilde, O'Casey, Shaw, Joyce, Beckett.

Als Sean O'Casey 1926 sein Stück *Der Pflug und die Sterne* am Abbey-Theater herausbrachte, in dem er den damals schon heiliggesprochenen Osteraufstand als eine Rebellion verbohrter Nationalisten karikierte, wurde die Aufführung niedergeschrien, und O'Casey erkannte, daß in diesem Land »frömmelnder Unaufrichtigkeit und aufpolierter Glaubenswut« seines Bleibens nicht war. »Zum erstenmal in seinem Leben fühlte Sean in sich Haß auf Cathleen ni Houlihan«, das personifizierte Irland, aufsteigen. »Er erkannte jetzt, daß sie, die den Gang einer Königin hatte, zuweilen ein ausgesprochenes Aas sein konnte. Sie peinigte die Herzen ihrer Kinder, die es wagten, sich über den Durchschnitt zu erheben, und oft erschlug sie die besten. Sie hatte Parnell zu Tode gehetzt, sie hatte Yeats und Synge geschmäht und verwundet, und nun war er an der Reihe. Was für eine alte keifende Dreckschleuder sie doch manchmal sein konnte, und eine saudumme dazu.«

Connemara, zwischen den Loughs Mask und Corrib und dem Atlantik gelegen, ist die landschaftliche Essenz westlicher Wildheit und Melancholie. Ketten von silbergerippten Seen, auf denen schwarze Inseln zu schwimmen scheinen mit schwarzen Föhren oder einem kleinen, von Efeu überwachsenen Wehrturm. Die knuppigen Berge sind mit Heidekraut und filzigem Grün bedeckt; kaum ein Baum und kaum ein Haus. Die Schafe mit den schwarzen Gesichtern haben hier das Regiment übernommen. Abends liegen sie auf dem warmen Straßenasphalt, um den Genuß eines Sonnentags noch ein wenig zu verlängern. Manchmal springen sie auf, trappeln ziellos herum, bleiben stehen, fressen ein paar Halme und wissen dann wieder nicht wohin.

Bei Rosmuck/Screeb liegt *Pearse's Cottage* auf einem Hügel, weiß mit hellblauen Fensterrahmen und Rosen um die Tür. Hier hat sich Patrick Pearse, der junge Dubliner »Rechtsanwalt, Autor, Lehrer und Narr«, wie der Mann, der vor der Hauptpost die Republik Eire ausgerufen hatte, dem englischen Feind seine Personalien angab, vom »keltischen Zwielicht« einspinnen lassen; ein Ort von bezaubernder Kärglichkeit, ganz traditionell, drei Räume, der Kessel an der Kette im Kamin, das Gitterbett mit der Patchworkdecke. Jawohl, hier sitzen und Gedichte auf gälisch schreiben und von der Revolution träumen – das würde uns so passen. Es geht weiter, und zwar nach Galway.

In Galway gehen wir Austern essen mit frischem Sodabrot und trinken ein schönes, schwarzbraunes Stout dazu. Im September ist hier Austernfestival, und dann kann man die Tierchen wie Currywurst im Stehimbiß verzehren. Galway ist überhaupt ein erfreuliches und urbanes Pflaster; im vom Schaf dominierten Westen der reinste Menschenauflauf mit einer Universität, die Sommerkurse für ausländische Studenten anbietet, mit Theater, Musik, dem besten Sortimenter an der Westküste (Kenny's Bookshop) und Pferderennen im Juli und August. Es ist ein sehr altes Pflaster. Im 13. Jahrhundert wurde der Ort von den Anglo-Normannen erobert und entwickelte sich im Mittelalter zu einem kleinen Stadtstaat, der lebhafte Handelsbeziehungen zum Kontinent, vor allem zu Spanien unterhielt. Während außerhalb seiner Mauern noch die keltischen Clans tobten, entfaltete sich in Galway so etwas wie kosmopolitische Lebensart; eine dauerhafte Aura.

Nora Barnacle, Joyces' Frau, stammte aus Galway, und von Joyceanern ist zu hören, Gibraltar, die Heimat Molly Blooms im *Ulysses*, erinnere stark an Galway – ohne Sonne. In Bowling Green Nr. 8 verbrachte sie einen Teil ihrer Kindheit – das Reihenhäuschen steht noch –, aber den Garten aus *Die Toten*, in dem Michael Furey im Regen auf Gretta wartet, gibt es nicht mehr. Er lag hinter dem Haus von Noras Großmutter in Whitehall bei den Docks.

Außerhalb der Stadtmauern breiteten sich bis 1934 die weißgekalkten, strohgedeckten Cottages von Claddagh aus; einst selbständige Kommune gestandener Fischer – »von den Unterhemden, die die damals trugen, könnte man heute Mäntel machen« (Robert Gibbings) –, längst jedoch eingemeindet und plattsaniert. Als wichtiger Bestandteil der Souvenir-Industrie hat lediglich der Claddagh-Ring überlebt, auf dem zwei Hände ein gekröntes Herz umfassen. Über die Herkunft dieses Motivs habe ich nur einen mündlichen Bericht, und da ich ihn nirgendwo in der Literatur erhärtet gefunden habe, halte ich ihn inzwischen für Blarney, für Geschwätz – die Geschichte von dem König, der eine bürgerliche Frau liebte, die ihn abwies. Aus gekränktem Stolz ließ der Gekrönte sie ermorden und ihr das Herz herausschneiden ... Wahrscheinlicher ist, daß der Ring aus Spanien kam und sich als Ehering in Galway ausbreitete. Es gibt ihn in Gold, Silber oder mit einem steinernen Herzen aus grünem Connemara-Marmor, und jeder wahre Irland-Freund trägt ihn zwingend.

Die Skyroad, die nördlich von Clifden der Küste folgt, umschließt in wenigen Meilen Irlands ganze beunruhigende Schönheit; an guten Tagen eine solch funkelnde Frische, ein so hohes Blau über den Spuren menschlicher Mühe und Vergeblichkeit: die halbmondförmigen Strände, deren heller Sand aus dem Grün der Wiesen herausgeschnitten scheint, die weißgekalkten Gehöfte mit dem vom Atlantiksturm landeinwärts gesträubten Baum, das Dornengestrüpp, mit dem der Weg zu den leeren, dachlosen Hüllen verrammelt ist. Und natürlich die kleinen Esel mit den großen Köpfen, die auf Zehenspitzen unbeirrt einhertraben. In der klaren Luft sind die Farben von selten geschauter Intensität: samtgrün das Gras, tintenblau das Wasser, feuerrot die Fuchsien und die Berge von einem nahezu überirdischen Grau.

An hellen Tagen ist dann auch der Croagh Patrick, Irlands heiliger Berg, in weit ausladender Symmetrie zu sehen. Der Legende nach betete und fastete der Heilige 40 Tage lang auf der kahlen Kegelspitze und verbannte zugleich jedes giftige Schlangengezücht von der Insel. An jedem letzten Sonntag im Juli wallfahren Tausende zum Gipfel und umrunden »St. Patrick's Bed« aus Fels und Geröll, die Bußfertigsten ohne Schuhe.

Irlands Apostel und Nationalheiliger (nicht kanonisiert) war ein walisischer Christ, der als Junge von Piraten verschleppt und in die Sklaverei nach Irland verkauft wurde. Dort lebte er sieben Jahre als Hirte, ehe ihm die Flucht nach Frankreich gelang und er in einem Kloster Unterschlupf und seine Berufung fand. Im Jahre 432 kehrte er nach Irland zurück und erklärte den keltischen Barbarenhäuptlingen das schier Unfaßliche der Dreieinigkeit anhand des dreiblättrigen Kleeblatts. So brachte es das »shamrock« zum nationalen Kraut und ist damit dem Iren was die Distel dem Schotten und der Lauchstengel dem Waliser.

St. Patrick war nicht der einzige, der die Iren taufte, aber wohl der feurigste und erfolgreichste aller Missionare, der bald eine große Anhängerschaft ebenso frommer und strenger Jünger um sich scharte, deren Nachfolger wiederum im Laufe des folgenden Jahrhunderts über 800 Klöster und 50 Kirchen in Irland gründeten. Sie unternahmen ausgedehnte Missionsreisen auf den Kontinent und sorgten dort, wo das geistliche Leben im Begriff stand, sich lotterhaften heidnischen Genüssen hinzugeben, wieder für einen härteren, gottgefälligeren Zug. Da gab es viel zu tun.

Der Ire Killian starb 689 in Würzburg den Märtyrertod, Fergal wurde Bischof von Salzburg, nach einem Jünger von Columbanus, dem Schweizer Gall, wurde das Kloster St. Gallen benannt. Bis Mecklenburg, Wien,

Lucca und Narbonne reichte der Einfluß irischer Missionare. Ähnlich erfolgreich wirkten in ihrer Nachhut die irischen Gelehrten und Philosophen, die im 9. Jahrhundert nach Europa kamen und Hochschulen in Köln, Fulda, auf der Reichenau, in Lüttich, Reims, Salamanca, Rom, Prag und Lissabon gründeten. Wie ihren geistlichen Kollegen eilte ihnen der Ruf von Koryphäen voraus, aber im Gegensatz zu letzteren auch der, joviale und trinkfeste Herren zu sein.

Es ist schon ein bemerkenswerter Vorgang, daß die Iren seit dem 5. Jahrhundert ihre Heimat nicht mehr in kriegerischer Absicht verlassen haben (es sei denn in britischen oder französischen Söldnerdiensten), sondern nur noch, um andere Völker stark im Glauben und in der Wissenschaft zu machen oder um Armut und religiöser Verfolgung zu entgehen. Zwar hatten sie 800 Jahre lang auf eigenem Boden gegen die Engländer zu kämpfen, und kaum hatten die sie verlassen, verstrickten sie sich in einen schrecklichen Bruderkrieg. (Im Norden scheint er allen guten Absichten zum Trotz noch immer nicht beendet.) Aber seit der Unabhängigkeit der Republik haben sich die Iren aus allen internationalen Händeln herausgehalten. Im Zweiten Weltkrieg – »the Emergency«, der Notfall, geheißen – blieben sie neutral, und sie scheinen auch keine Neigung zu fühlen, der Nato beizutreten.

Am Ende eines langen Weges durchs Moor liegt Ballina, die »Hauptstadt« von Mayo, ein feuchter Ort. In Ballina gurgelt das Regenwasser an der Bordsteinkante entlang, und in den Bars muß man auf menschliche Abwärme vertrauen, sonst bleibt man im Mantel auf dem Hocker kleben, die klammen Finger um ein betautes Bierglas gelegt. Der Teppich scheint moosig, und das Handtuch in der Damentoilette – durch die Küche und eine Treppe hoch ins Bad – lappt grau und ohne einen trockenen Faden. Ballina, das ist wie eine Pfütze, die man mit einem nassen Schwamm aufwischen will. Aber da sind sehenswerte Geschäfte, wo es von jedem ein bißchen und alles zusammen gibt: Angelzubehör, Torfspaten, Butterdosen, Gardinen, Klingeldraht, daneben Tabak, eins weiter frischen Fisch, und gleich wieder eine Kneipe. Da gibt es *Strongs* Schuhladen mit einem alten, sinnreichen Kassensystem. Von den einzelnen Verkaufsstellen wird das eingenommene Geld sorgsam in Döschen eingeschraubt und per Seilzug zu einem auf einem Podest liegenden Glasabteil katapultiert, in dem der Zentral-Kassierer waltet. Von ihm kommt das Wechselgeld umgehend über die Köpfe der Kundschaft hinweg zurückgeflogen. Der Verkäufer erzählt, daß oft Fremde in den Laden kämen, um diese großartige Anlage zu betrachten und manchmal zu fotografieren.

Und natürlich gibt es in der Stadt der Angler auch sehr guten Fish and Chips, nämlich im Bamboo Grill, der nichts Exotisches hat, nur die üblichen klebrigen Resopaltische und die lieben Mädchen mit den verkleckerten schwarzen Röcken, schlappenden Schuhen und der Strickjacke über der nicht mehr ganz weißen Bluse, denn auch im Bamboo Grill ist es nicht ganz warm und nicht ganz trocken. Und entsprechend feucht und freundlich lauten die Klosprüche in Ballina: Listen, listen / the cat is pissing / where, where? / under the chair / quick get the gun! / too late, it's all done.

Dromquinna

Tread lightly to the music,
Nor bruise the tender grass,
Life passes in the weather
As the sand storms down the glass.
Drift easy in the shadows,
Bask lazy in the sun,
Give thanks for thirsts and quenches,
For dines and wines and wenches,
Give thought to life soon over,
Tread lightly on the clover,
So bruise not any lover.
So exit from the living,
Salute and make thanksgiving,
Then sleep when all is done,
That sleep so dearly won.

Das erste, was ich von Irland zu sehen bekam, war der Südwesten, und wenn ich an Irland denke, fallen mir zuerst auch die Berge von Kerry ein, die ich in dem trotzigen Versuch, mir zu beweisen, daß ich selbst mein bester Reisegenosse sei und keinen anderen Menschen zu meiner Unterhaltung benötigte, in eher deprimierenden als aufbauenden Gewalttouren durchradelte. Was ich heute noch gültig darüber mitteilen kann, ist, daß ein Dreigangrad dem Ring of Kerry nicht gewachsen ist.

Mit den wehen Erinnerungen verbinden sich aber

auch die Bilder von Mooren und baumlosen Höhen, von Wolkenschatten, die über das Land fliegen, und gelbblühendem Ginster-Buschwald. Da sind Schafe, die zusammengedrückt an einer Mauer kauern, Wellblechweidetore, nasse Steine und der steife Wind, der das braune Gras harft. Da steht ein Dolmen wie ein gewaltiger Stein-Pilz neben einer aufgegebenen Eisenbahntrasse, und ein vernachlässigter alter Esel, dem in seinem engen Hof die Hufe wie Schnabelschuhe hochgewachsen sind, verharrt bewegungslos und mißtrauisch hinter seinem Gatter. Die Landstraße steigt in Serpentinen, die kein Ende zu nehmen scheinen, hinauf, hinauf in Wut und Trotz, um von oben in ein kurzes Glück zu starten, abwärts zu stürzen mit klappernden Blechen, zwischen Wällen von roten Fuchsien. Bauern rufen und winken, wenn man an ihren Häusern vorbeisegelt, Hunde fahren mit Höllengekläff aus versteckten Toreinfahrten, und ganz weit unten blitzt das Meer.

Kerry heißt für mich auch Dromquinna, das Haus, in das ich über viele Jahre immer mal wieder eingeladen war, ein Bild, eine Macht, die mich manchmal nachts im Traum noch verfolgt. Es steht auf einem Hügel über Kenmare Bay, ein Herrensitz von nicht allzu luxuriösen Ausmaßen, aus gelbem Sandstein mit Fachwerkgiebeln, roten Regenrinnen und einem Wald von Kaminen auf dem Dach. Bitte einzutreten: Diele, Halle, die Standuhr, die rasselnd Atem holt – klong, halb neun. Die Bibliothek, aus deren hohen schmalen Fenstern der Blick über eine breite, von Sandsteinvasen flankierte Gartentreppe hügelabwärts auf die Bay fällt; darin eine Insel mit schwarzen Fichten. Die Wiese ist eingerahmt von Rhododendron, Rhododendron – ein Dickicht, in dem es immer feucht, immer still war, die Luft kalt und süß, und im Mai und Juni ein Brand aus roten Blüten. Als ein Sir John den Park vor 150 Jahren anlegen ließ, konnte er vom Herrenhaus über die Rabatten hinweg auf seine Treibhäuser sehen, seine Farm, seinen Pferdestall. Heute sähe er nichts dergleichen. Der Rhododendron steht wie eine Dornröschenhecke. Die alte Dame, der das Haus nun gehörte, hatte der Natur ihre Vorrechte notgedrungen zurückerstattet. Nur ein wenig Lichtung um das Haus war geblieben, ein wenig Rasen. Wo Sonne durchdrang, hatten sich Narzissen und Fingerhut ausgebreitet. Trampelpfade führten zu ihrem Dieselgenerator, ihrem Hühnerstall in den Pferdeboxen und ein paar heilen Treibhausscheiben, unter denen sie Tomaten und Artischocken zog. Alle paar Tage preschte sie mit ihrem VW ins nächste Dorf, zum Metzger, zur Post, sonst war nicht viel. In der Halle hingen ihre Ahnen – Spanier. Mit den Iren hatte sie wenig zu schaffen. »Sie sind verrückt, verrüüükt!« und dabei warf sie die Hand von der Stirn in die Luft. Das ganze Jahr war sie unterwegs, immer ohne Strümpfe, in Gummistiefeln und Wollrock, darüber das Kaschmirjäckchen und die silbernen Ohrringe. Trällernd durchs Haus, mit hoher Stimme ihr bißchen Personal dirigierend, einen aussichtslosen Kampf gegen Verfall und Tod führend. Im Winter, wenn keiner mehr da war, stand sie in der riesigen, mit Holzrosten ausgelegten Küche vor dem Herd und aß ihr Frühstücksei aus der Pfanne.

Dromquinna ist durch die Jahre der Abwesenheit immer unwirklicher geworden, obwohl ich diese Stimme noch hören, die Dinge noch greifen, den Park noch riechen kann. Da sind die Reste der Farm zwischen den Brombeerhecken, Ställe, Remisen, ein Brunnen, ein kleines Schlachthaus. Die meisten Dächer waren schon eingefallen, die Wände bemoost. Dort stand das kleine Haus mit dem eisernen Herd in der Küche, dem Herz Jesu an der Wand und dem Gitterbett in der oberen Kammer, dessen Beine schon zart umrankt waren von einem Geißblatt, das durch das offene Fenster hereingeschlichen war, Ausläufer über den Boden gesandt und die eisernen Stäbe gefunden hatte. Wenn ich heute an diesen Ort denke, stelle ich mir vor, daß nun auch die schwärzliche Matratze bewachsen ist und daß die gelben Blüten nachts ihren süßen Duft verströmen, daß man sich hineinlegen und sterben möchte.

Kerry und Dromquinna, das sind Vivaldis Flötensonaten vom Monoplattenspieler, die Strickjacke, das aufgeklappte Buch und Finas-Zigaretten auf der Sessellehne, das eher sparsam gehaltene Kaminfeuer; am Meer das Trillern der Oystercatcherbirds und das weiche, von der Flut bewegte Algengestrüpp, die Palmen am Tor, die – Golfstrom hin, Subtropik her – in Kerry fehl am Platze sind. Im Herbst wird es um vier schon dämmrig und klamm. Ein kleines Feuer im »gelben Zimmer« und nachts zwei Wärmflaschen unter der Steppdecke mit dem Muster aus – bei Gott, nun reicht es aber. Das Muster wird ja wohl niemanden mehr interessieren. Und wie steht es mit der Zinnschale auf dem Tisch in der Halle und was darinnen lag? Nüsse, Schneckenhäuser, ein Stück Ast, ein verschrumpelter Apfel – Sand, Staub, grau, braun, dunkelweiß? Und dem Geruch nach Torffeuer, Quitten, Kampfer und Möbelwachs?

Seit ich weiß, daß Dromquinna verkauft ist, war ich

nur noch einmal da, um allein durch die leeren Räume zu gehen und eventuell einen vergessenen Lampenschirm abzuschrauben. Es war Nachmittag, die Sonne stand schon tief über der Bay und legte ihre Strahlen über den Fußboden in der Bibliothek. Eine wunderliche Stunde, in der die Seele aus den Fugen zu gehen scheint, in der alle Sinne zugleich nach innen und außen gekehrt sind, das Blut dicker fließt und das Fell sich sträubt, als ob zurückgelassene Empfindungen sich angereichert hätten und versuchten, noch einmal Macht über den Besucher zu gewinnen: eine vergebliche Liebe und der törichte Wunsch, in einem Bild zu leben. Ich weiß nicht, was aus Dromquinna geworden ist, und ich wage nicht hinzufahren, weil ich fürchte, der Rhododendron könnte zurückgeschnitten sein, am Ufer stünden kleine Bungalows und der ganze Kasten gehörte zu irgendeiner Hotelkette. Entschieden nein, man sollte sich nicht mehr zumuten, als man vertragen kann.

Constance M. auf Lissadell

Die Vergangenheit ist eben etwas Bleibendes
(aus dem Film *Hear my song*)

Lissadell House, zehn Meilen nördlich von Sligo an der Bay gelegen, ist das Haus der Familie Gore Booth, die ihre anglo-irischen Vorfahren bis in die Zeit der Königin Elizabeth I zurückverfolgen kann. Ihr prominentestes Mitglied ist die Gräfin Constance Markievicz, geborene Gore Booth, Revolutionärin, erstes weibliches Mitglied in einem westlichen Parlament – dem englischen, in dem sie ihren Sitz nicht einnahm, weil sie 1918 von den Briten interniert war und ihre Partei, die Sinn Fein, diese Regierung nicht anerkannte – und Arbeitsministerin im ersten illegalen Kabinett de Valeras; eine legendäre Figur jener Tage, als sie auf einem alten Fahrrad durch Dublin flog zu den konspirativen Treffen dieses »Dail on the run«.

In Constances Familie war soziales und politisches Engagement durchaus nicht nur ein Spleen derer, die es eh' nichts kostete. Ihr Vater verpfändete während der »Famine Days« in den Jahren 1845 bis 1848 seinen Besitz, um seine Pächter heil durch diese Katastrophe zu bringen, in der der Westen Irlands 29 Prozent seiner Bevölkerung durch Hungertod oder Emigration verlor. Ihre jüngere Schwester Eva kämpfte in Manchester für die Rechte der arbeitenden Frauen, besonders derer auf der untersten Stufe der Klassenleiter, Blumenverkäuferinnen, Zirkusartistinnen, Barfrauen; und ihr Bruder engagierte sich in West-Irland für Genossenschaften unter den Bauern.

Der Dichter William Butler Yeats, Nobelpreisträger und Senator des irischen Freistaats, den die Sinn Fein von 1921 bis 1923 blutig und vergeblich bekämpft hatte, war ein Freund der Familie Gore Booth. Im ersten Stock von Lissadell weihte er ein Vorhangbett und ein Waschgeschirr durch seine Anwesenheit. Im Südzimmer, dessen Fenster sich zur Sligo Bay öffnen – heute ist die Aussicht mit einem häßlichen Fichten-Nutzwald zugepflanzt –, las er aus seinen Werken vor. Das Teegeschirr ist noch gedeckt, und um den Marmorkamin im ägyptischen Stil saßen sie dann wohl ...

»The light of evening, Lissadell,
Great windows open to the south,
Two girls in kimonos, both
Beautiful, one a gazelle ...«

Die Anmut der beiden Schwestern hat Yeats bezaubert; ihre Herzen verstand er nicht, auch nicht ihren politischen Kampf, den Eva geduldig und gewaltlos, Constance bewaffnet und konspirativ austrug. Er schien ihm »närrisch«, sein Ziel »irgendein vages Utopia« – Zeugnis eines intellektuellen Snobs, der es nur etwas poetischer sagen konnte: Da seht ihr mal, was die Politik aus unseren schönen Frauen macht!

Ein ähnliches leises Bedauern scheint mitzuschwingen, wenn die Nichte von Constance Markievicz, eine weißhaarige alte Dame mit einem sehr klassenbewußten Akzent, Besucher durch Lissadell House führt. Die Gräfin-Tante kommt dabei merkwürdig zu kurz. Viel lieber verweilt Aideen Gore Booth bei ihrem Großvater und Urgroßvater, bei Männern, die im Krimkrieg kämpften oder um die Antarktis kreuzten. Im Billardzimmer hängen ihre Trophäen und Waffen, im Treppenhaus steht der Bär aus Norwegen, den Großvater mit Hilfe des Butlers erlegte. Entsetzliche Geschichte, nebenbei: »This odd fellow came up to him, and, terrible thing to happen, the trigger of his gun did not work.« Gottlob sprang der Butler herbei, der damals freilich noch kein Butler war, sondern es erst nach diesem Zwischenfall wurde. Aus dem Bären quillt das Heu, und auf dem Elchkopf im Treppenhaus – ein Hochzeitsgeschenk für Aideen Gore Booths Eltern – believe it or not – liegt dick der Staub. Daneben hängt ein Kettenhemd (normannisch?) auf einem Holzkleiderbügel an einem Stück Draht. Von der Frau, die mitgekämpft hat, die englische Kolonialherrschaft abzuschütteln, ist lediglich eine kleine Fotogalerie auf einem Bücherbord zu sehen: Constances illustrierter Lebensweg. Als junges Mädchen neben einem Pony, als Laienschauspielerin in der Rolle der Jeanne d'Arc, als blasse, schmale Ballschönheit und in Uniformjacke mit Federhut und Pistole. Ach ja, ja, sie war keine sehr talentierte Ehefrau und Mutter. »Poor Maeve, the neglected child died in 64«, aber so genau weiß sie das auch nicht mehr.

Lissadell House wurde 1834 anstelle eines früheren Herrenhauses erbaut, das zu nahe am Meer stand und ständig feucht war. Errichtet in grauem Kalkstein im klassischen Stil, wirkt es von außen einschüchternd, fast wie ein Gefängnis. Innen geht es bereits in Fransen. Der Putz bröckelt, die Tapeten sind verschossen, die Teppiche abgetreten. Das Klima und ein Mangel an Personal haben ihm wohnliche Milde verliehen. Doch trotz der Besuchergruppen in Jeans und Anoraks, die von der alten Dame angewiesen sind, nichts zu berühren und beieinander zu bleiben, lebt in Lissadell noch ein Eindruck der alten, splendiden Gastlichkeit.

Zentrum des Hauses ist eine dreißig Meter lange, säulengeschmückte Galerie, die von Gaslichtkandelabern erhellt wurde, ein Raum für Feste, mit dem ägyptischen Kamin, dem Piano und den hohen Türen, deren Flügel dem Oval der Wände angepaßt sind. Der Rahmen für eine müßige, hochgestimmte Gesellschaft, deren Mitglieder sich gern als »travellers and artists« sahen. Nur eine ruhige Minute, und das Gaslicht strahlt wieder, die Türen öffnen sich, und ein tritt der Butler, wie ihn Casimir Markievicz, Constances polnischer Ehemann, in Lebensgröße neben das Buffet gemalt hat. Dort hängt auch das Bild von Sarah Purser, das Constance und Eva als kleine Mädchen im Wald von Lissadell zeigt.

Es ist diese Gegenwart von Toten, ihre Bilder, ihre Spielsachen, ihre Teetassen, die eingeritzten Namenszüge in der Fensterscheibe, die im Zusammenklang mit dem näselnden »when my great grandfather ...« einer der »Letzten«, der das Haus schon nicht mehr gehört, zu einer atmosphärischen Dichte führen, in der man auf Gespenster gefaßt ist. Und man beginnt in den Zügen von Miss Gore Booth nach Constance Markievicz zu suchen. War sie nicht auch ihr ganzes Leben lang so schrecklich »gentry«? Ist sie jemals diesen Tonfall losgeworden? Und das von keiner Befangenheit getrübte Wesen, das Menschen, die in solchen Häuser großgeworden sind, ihr Leben lang begleitet – egal ob sie im Gewerkschaftshaus Suppe austeilen oder nie einen Fuß von ihrem Tennisplatz gesetzt haben? Ein Gefühl von Sicherheit und Schneid, das »die rote Gräfin« selbst im Gefängnis nicht verlassen hat, als sie nach der niedergeschlagenen Osterrebellion ihr Todesurteil empfing – strahlend – und enttäuscht, als der Titel und die Tatsache, daß sie eine Frau war, ihr das Leben retteten. Miss Gore Booth im Lissadell von heute verleiht es ein gewisses würdevolles Unbeteiligtsein am Vorgang ihrer Führung, auch wenn die Zeit für eins ihrer Scherzchen gekommen ist. »Die Treppe ist aus Kilkenny-Marmor, und wenn Sie mir nun bitte auf der rechten Seite hinunterfolgen wollen, erzähle ich Ihnen meine Gespenstergeschichte.« Die Dame, die am Fuß der Treppe aus Kilkenny-Marmor neben einem Heizstrahler sitzt und die Eintrittsgelder entgegennimmt, hört es wohl zehnmal am Nachmittag: »When the poet W. B. Yeats ...« sie sagt tatsächlich Dabbelju Bi ... »went to bed one night, he happened to see a ghost on the stairs ...«

Unten im ehemaligen Dienerquartier, wo sich hinter zugehängten Kellerfluren geheimnisvolle Labyrinthe zu verbergen scheinen, ist in der alten Küche eine Teestube eingerichtet. Dort steht noch der schwarze eiserne Herd in seiner Kaminnische und glüht rot durch die Roste wie eine Lokomotive. »Wissen Sie, wofür das war?« fragt die Dame, die den Tee ausschenkt, und hebt ein viereckiges Bügeleisen hoch. »Das hat der Diener jeden Morgen vom Herd geholt und damit den Billardtisch geplättet.« Zwei große geschrubbte Tische, die mit Nägeln vom Kaliber eines Stemmeisens zusammengehalten werden, stehen übereck vor dem Feuer. Sich hier an einem trüben, nassen Tag mit Portercake, Gingerbread und Apple Crumble vollzustopfen und viele Tassen Tee nachzugießen, versetzt dem Magen harte Schläge und hebt die Seele empor in einen milden Wahnsinn: Was zum Teufel suchen alle diese fremden Menschen in meinem Haus?

Zwei Sprachen

Das Elend des Englischsprechers mit seinem
kläglichen Kasten voller 400 Sprachperlen
kann man sich vorstellen, wenn ich sage,
daß ein wirklich guter Irischsprecher
mit den ganzen 400 in einem einzigen
kosmischen Grunzer herausplatzen würde.
In Donegal leben eingeborene Sprecher,
die so viele Millionen von Wörtern kennen,
daß sie es nicht mit ihrem Stolz vereinbaren können,
dasselbe Wort häufiger als einmal im Leben zu verwenden.
(Flann O'Brien)

Die »erste« Sprache Irlands ist offziell das gälische Irisch, obwohl 95 Prozent seiner Einwohner englisch sprechen und ihre »Muttersprache« erst in der Schule lernen müssen – um sich ihrer so gut wie nie zu bedienen. In der Gaeltacht, den Gebieten, in denen Irisch als Umgangssprache noch lebendig ist – einigen Einsprengseln in den Counties Cork und Kerry, entlang der Westküste in Clare, Galway, Mayo und Donegal und auf den Aran-Inseln – werden Handwerk und Hausbau von der Regierung subventioniert, aber es ist auch in Irland strittig, ob »Gaelic« ein fähiges Kommunikationsmittel unseres Jahrhunderts ist und ob amtliche Maßnahmen sein Überleben garantieren können.

Freilich ist Irisch ein altes und hartes Pflänzchen, und es treibt an unerwarteten Stellen wieder aus. Nicht nur sind die Sprachkurse in den Sommer-Colleges im Westen der Insel gut besucht, auch die jungen Bewohner des wenig privilegierten Dubliner Vororts Ballymun bedienen sich ihrer; ebenso wie in den Zeiten der »troubles«, als die politischen Gefangenen im Belfaster Long-Kesh-Gefängnis demonstrativ eine Sprache lernten, die in Nordirland nirgendwo mehr gesprochen wird.

Das moderne Irisch ist der Nachfahre einer indogermanischen Sprache, die in vorchristlicher Zeit in weiten Teilen Europas gesprochen wurde. Keltische Einwanderer verbreiteten sie um 300 vor Christus auf der Insel. Seitdem hat sie sich selbstverständlich gewandelt – aber nicht so stark wie z. B. das Germanische auf dem Weg zum Deutschen, das in Wortschatz und Syntax vom Latein und den romanischen Sprachen stark geprägt wurde. Dänische und anglo-normannische Einflüsse assimilierte das Irische flott und nahezu spurlos. Nur die Namen einiger Orte erinnern heute noch daran, daß sie einmal Wikinger-Siedlungen waren: Leixlip (Lachssprung), Wexford (Wasenford), Wicklow (Wykinglo) oder Howth (Haupt).

Keltisch wird außer in Irland noch in Schottland (gälisch), Wales (kymrisch), in der Bretagne (bretonisch) und auf der Insel Man (manx) gesprochen. Allerdings sind dies alles eigenständige Sprachen und nur bedingt miteinander verwandt oder verschwägert. Ein irisch sprechender Ire aus Cork, der mit einem irisch sprechenden Landsmann aus Donegal schon Dialektschwierigkeiten hat, könnte sich zur Not noch mit einem Schotten verständigen; an einen Waliser würde er sich besser auf englisch wenden.

Für das allein beobachtende Auge, das versucht, ein Ortsschild zu erfassen, zeichnet sich das Kymrische durch eine zungenbrecherische Ansammlung von Konsonanten aus (Llanrwst), während die Iren es eher mit den Vokalen zu halten scheinen (Duniascaigh). Diese Ballung von Lauten, die sich entgegen ihres Anscheins auch von Fremden aussprechen läßt, wenn auch anders als vermutet (Chanrust und Duneesky), hat ihren Ursprung im Mittelalter. Als sich die irischen Mönche des lateinischen Alphabets für ihre Schriften bedienten, übernahmen sie lediglich achtzehn Buchstaben und erfanden neue Regeln, um die Laute der irischen Sprache und ihre grammatikalischen Geheimnisse zu umschreiben. Irisch hat viele Zwischentöne, die sich in englischer Schreibweise nicht immer darstellen lassen. Die annähernde phonetische Übertragung läßt sich an den Wegweisern studieren, die in Irisch und Englisch beschriftet sind: Cill Fhionnabhrach = Kilfenora.

Der Sprachwissenschaftler Patrick Weston Joyce hat 1875 ein fast 600 Seiten starkes Werk herausgebracht (*Irish names of places*), das noch immer fortgedruckt wird und in dem Tausende von irischen Ortsnamen nicht nur auf ihre sprachliche Wurzel hin untersucht werden. Joyce: »Das Antlitz des Landes ist wie ein Buch, das – korrekt entziffert und aufmerksam gelesen – mehr enthüllt als die Keilschriften Persiens oder die Hieroglyphen Ägyptens. Nicht nur sind historische Ereignisse und die Namen unzähliger bemerkenswerter Menschen niedergelegt, auch das ganze soziale Leben unserer Vorfahren – ihre Sitten, ihr Aberglaube, ihre Schlachten, ihre Feste, ihre religiöse Inbrust und ihre Verbrechen – ist in lebhaften, niemals verblassenden

Farben festgehalten. Die Schriftzeichen sind oft fremd und die Seiten vom Alter verwischt, aber genug ist übrig, um die Mühe des Forschers reich zu belohnen. Laßt uns die Schriftrolle ans Licht heben und einige dieser interessanten Zeichen entschlüsseln!«

Joyces' Schriftrolle ist eine ziemliche Schwarte, aber wer immer sie tragen mag, wird tatsächlich reich belohnt. Burgen, Dörfer, Flüsse, Berge sind nicht mehr nur irgendein Ballydingsbums, ihre historischen, topographischen oder legendenhaften Hintergründe werden sichtbar.

Für die, die es nicht ganz so ausführlich brauchen, hier ein paar Tips zur Deutung irischer Ortsnamen. Es gibt in Irland über 6000 Orte, die mit den Silben Bally beginnen (irisch baile – Stadt), ungefähr 1400 Lokalitäten beginnen mit Lis, 700 mit Dun oder Rath – alle drei deuten auf eine frühere Befestigung hin, Lismore – das große Fort, Dundalk, früher Dun Dealgan – Delgans Fort, Rathdruim – Druims Fort.

Cnoc (Hügel), ausgesprochen Knock, mit seinen Diminutiven Knockane, Knockaune und Knockee, ist enthalten in Ballyknockeene, die Stadt des kleinen Hügels; Knockalooricaun in County Waterford bedeutet Hügel der Cluricauns – Verwandte der Leprechauns, Erdgeister, die nichts mit den freundlichen grünen Schlafmützen von Postkarten und Aschenbecher-Rändern zu tun haben, sondern ein heimtückisches Gesocks sind, über das man nur euphemistisch daherflöten darf (»the good people«), und dessen Vertreter ein Tässchen Sahne vor der Küchentür erwarten, andernfalls sie ihre Machenschaften gegen die Hausbewohner richten. In der Furcht vor Leprechauns und Cluricauns lebt offenbar die Erinnerung an ein Urvolk weiter, das von den einwandernden Kelten überrollt und in den Untergrund getrieben wurde, aus dem es sich im Stil der Guerilla immer wieder bemerkbar machte.

Sidh, ausgesprochen Schie, hieß ursprünglich der Palast der Feen, später der Hügel, in dem man ihr Quartier vermutete; heute wird die ganze Sippschaft so genannt. Sheerim (Sidh dhruim) ist der alte Namen des Felsen von Cashel, der Bergrücken der Feen. Ballynasheoge heißt die Stadt der kleinen Feen, Knocknasheega der Hügel der Feen.

Die Unterdrückung der irischen Sprache begann im 16. Jahrhundert, als die Engländer mit Macht darangingen, ihre Kolonie zu anglizieren, und fand ihren Höhepunkt in den Penal Laws von 1695, die die katholischen Iren zu einer rechtlosen Klasse degradierten. Irische Musikinstrumente wurden verboten (die Leute machten »mouth music« – whackfadiddleda), Kinder wurden in der Schule hart bestraft, wenn sie irisch sprachen (wandernde Lehrer gründeten »Heckenschulen«, in denen sie Sprache und Geschichte und nicht zuletzt die Tradition des Erzählens und Fabulierens wachhielten, des Spiels mit Worten, der Literatur fürs Ohr); die katholische Kirche ging in den Untergrund (die Messen wurden im Freien gelesen, zahlreiche »mass-rocks« sind noch in der Landschaft zu sehen).

Die furchtbaren Hungersnöte im 19. Jahrhundert, hervorgerufen durch die Kartoffelfäule, die mehrere Ernten hintereinander vernichtete, waren ein traumatischer Einbruch in der Geschichte der Iren. Sie zwangen Hunderttausende zur Auswanderung, besonders aus dem Westen, wo Irisch noch Umgangssprache war.

Wer dablieb, mußte sich anpassen; ohne Englisch war kein Fortkommen mehr.

Eine Sprache-Renaissance gab es erst nach der Gründung des irischen Freistaats, als die »Muttersprache« zum Symbol der Befreiung von England aufstieg. Es waren Städter und Intellektuelle, die sich vor hundert Jahren mit der Gründung der Gälischen Liga um die Renaissance einer fast verlorenen Kultur kümmerten. Sie fuhren in die Gaeltachts, in denen das Leben irgendwo um 1800 stehengeblieben war, wo es noch Frauen in krapproten Wollröcken und Männer in immer feuchten, schafsledernen Pampooty-Mokassins gab – dazu ein Elend und eine Rückständigkeit, die die begeisterten Sprach- und Volkstumsforscher gern übersahen.

1899 kam es in Dublin zur Gründung des »Irish Literary Theatre«, aus dem fünf Jahre später das Abbey Theatre hervorging, das bis in die 20er Jahre der Sammelpunkt der irischen Dramatiker wurde. Das Abbey setzte selbst bei literarisch sonst Untätigen kreative Energie frei. Jeder, der auf sich hielt, reichte dort ein Stück ein, dessen Produktion der nationalen Sache nicht immer zum Ruhme gereichte. Die irische literarische Renaissance hatte nämlich, wie alle Bewegungen der Rückbesinnung, auch etwas Reaktionäres, Muffiges und Lächerliches. Zu ihren Glaubenssätzen gehörte, daß nicht nur die irische Sprache und Kultur von größerer Reinheit und Ritterlichkeit seien als alles, was aus dem englischen Pfuhl gekrochen kam; auch die irischen Frauen (die im öffentlichen Leben absolut nichts zu bestellen hatten) waren gebenedeit unter ihren Schwestern, und Zweifel an ihrer Tugend – selbst auf der Bühne – wurden von Publikum und Kritik scharf geahndet. Eine solche Haltung führte bis in die 50er Jahre zu einem nationalen Schränkertum, das Stimmen begünstigte, die ein Verbot englischer Sonntagszeitungen, ausländischer Tänze, ausländischer Sportarten und vermeintlich unmoralischer Kleidung forderten. Die staatliche Zensur stand nicht weit zurück und arbeitete mit einer Aufmerksamkeit, wie sie sich später vergleichsweise nur die ehemalige DDR rühmen konnte. Für die Literaten gehörte es zum guten Ton, wenigstens ein Buch auf dem Index zu haben. Die Zeitungen druckten seitenlang die Fastenpredigten der Bischöfe. Eine Reproduktion von Manets *Olympia* mußte aus dem Schaufenster eines Dubliner Kunsthändlers entfernt werden. In Radio Eireann war Jazz verboten.

Das keltische Zwielicht und das romantisch-militante Treiben seiner Dunkelmänner fanden bei einem Autor wie John Millington Synge keinen freundlichen Widerschein. Den Wortführern der Gälischen Liga schrieb er ins Poesiealbum: »In vielen Zeitungsartikeln gilt es als erwiesen, daß Irisch in Irland Zukunft hat und dieses Land schon bald Gälisch sprechen wird. Keine Mutmaßung wäre falscher. Die Gälische Liga basiert auf einer Doktrin, die sich aus Ignoranz, Betrug und Heuchelei zusammensetzt ... Ich glaube an Irland. Ich vertraue der Nation, die sich ihren Platz in der Geschichte durch ihre Tapferkeit in siebzehn Jahrhunderten erkämpft hat, und eine Nation, die Grattan, Emmet und Parnell hervorgebracht hat, wird nicht kurz vor ihrem Ziel bei dem kompletten Irrsinn landen, den das greisenhafte und doktrinäre Gesabber der Gälischen Liga darstellt ...

Dieses Delirium wird nicht ewig anhalten. Es wird gar nicht lange dauern, bis einige beherzte junge Leute mit Blut in den Adern und mit klarem Verstand das ganze Kauderwelsch-Credo aus der Welt schaffen werden ... (Ich spreche jetzt nicht von der alten und wunderbaren Sprache unserer Literaturdenkmäler ... sondern von dem unzusammenhängenden Geschwätz, das in der Gälischen Liga für Irisch gehalten wird.) Diese jungen Leute werden Irland wieder lehren, daß es zu Europa gehört, und die Iren darin erinnern, daß sie Fähigkeiten zum Denken ... und einen gesunden Menschenverstand besitzen.«

Konnte Synge voraussehen, daß der Irrsinn inzwischen Methode hat? Daß es in Dublin zweisprachige Schilder zum Flughafen und zum Busbahnhof gibt, daß so viele Busse nach An Lar, ins City Centre fahren und sich das irische Fremdenverkehrsamt Bord Failte, die Willkommensbehörde, nennt? Einer Sendung von Radio na Gaeltachta über Mode kann man sogar anhand der englischen Einsprengsel folgen. Was wußten die alten Kelten schon von Jeans? Übrigens: Polizist kann in Irland nur werden, wer ausreichende Kenntnisse im Irischen besitzt. Wahrscheinlich, um auf den Aran-Inseln einen Torfdieb adäquat verhaften zu können.

Ich selbst verstehe kein Irisch, aber ich genieße seinen Geist, der im Englisch der Iren von heute fortlebt. Flann O'Brien glaubte, daß das Irische jenes unbekannte Element in ihnen erzeuge, »das uns ermöglicht, die englische Sprache umzuformen, und das scheint auch für Menschen zu gelten, die wenig oder gar kein Irisch sprechen. Anscheinend ist es etwas Angeborenes.«

Die Sprache Margaret Thatchers geht in Irland zur Kur und erhebt sich alsbald, gestärkt vom Witz irischer Formulierungen und erfrischt von einem liebenswürdigen Akzent. Ein Mann, der dort über Land wandert, wird nicht mit einem kargen »hello« begrüßt. Die Anredet lautet »good man, chief«. Und daran schließt sich für gewöhnlich eine Unterredung übers Wetter an; auch bei unbeständiger Witterung »a lovely day«, vielleicht ein wenig »wet«, nun ja. Wenn es durchdringend nieselt auch »a soft day« und »not so nice«, falls zusätzlich Sturm aufkommt.

Es stimmt, daß Iren viel und gern reden. Auf Antwort sind sie dabei nicht immer erpicht, und viele Gespräche ähneln daher einem angeregten Monolog für Stichwortgeber. Eine besonders eindrucksvolle Art von Beredsamkeit nennt man Blarney (sie läßt keine Diskussion mehr zu) nach dem Besitzer von Blarney Castle in County Cork, der es im 16. Jahrhundert verstand, sich jahrelang mit süßen Reden vor seinen Pachtverpflichtungen gegen die englische Krone zu drücken, weil er über einen Stein verfügte, der ihm überzeugende Beredsamkeit verlieh. Damit kein anderer von dem Zauber profitiere, ließ er ihn an einer unzugänglichen Stelle auf den Zinnen seiner Burg einmauern. Dort befindet er sich heute noch.

Keine Irland-Rundreise ist komplett ohne den Kuß auf den Blarney Stone. Man wundert sich immer wieder, wie freudig Menschen sich in bereitgestellte Fettnäpfe legen; in diesem Fall auf dem Rücken und mit dem Kopf im Nacken in eine Mauerlücke robben. Ein übriges zur Peinlichkeit trägt der Blarney-Exklusiv-Fotograf mit seinem durchweichten Bettvorleger bei, der den Küssenden als honorarpflichtige Unterlage dient.

Blarney-Gerede ist heute, wenn die Dubliner Zimmerwirtin erzählt, ihr heruntergekommenes Etablissement sei einst das Haus des Oberrabbiners gewesen und das viktorianische Schnitzwerk im Türrahmen, die überquellende Fruchtschale, sei eine auf den Kopf gestellte heilige jüdische Schüssel. – Oder wenn der stolze Vater auf einem Picknickplatz am River Bride die Schönheit und Unberührtheit der irischen Landschaft preist, während seine Kinder die leeren Chipstüten aus dem Autofenster werfen, die der stumme Tourist später aufsammeln darf.

Willie und Maud

Vague memories, nothing but memories,
But in the grave all, all, shall be renewed.
The certainty that I shall see that lady
Leaning or standing or walking
In the first loveliness of womanhood,
And with the fervour of my youthful eyes,
Has set me muttering like a fool.
(W. B. Yeats: *Broken Dreams*)

Er hat ihr erstes Zusammentreffen im Januar 1889 nie vergessen: Sie kam in einer Droschke in Bedford Park vorgefahren und überreichte seinem Vater ein Empfehlungsschreiben des alten Feniers und Revolutionärs John O'Leary. Es wurde kein schöner Nachmittag. Yeats senior und Miss Gonne gerieten sich politisch in die Wolle, weil die Dame den Krieg um seiner selbst willen lobte. Unterstützt wurde sie von dem jungen William Butler Yeats – nicht weil auch er glaubte, »daß Aufruhr an sich etwas Gutes sei«, sondern weil er einfach nicht anderer Meinung sein konnte als eine Frau, die so schön und so entschlossen war. Der Zauber, den Maud Gonne unwissentlich über Yeats warf, war von langer Dauer. Er hielt mehreren abgelehnten Heiratsanträgen stand, überlebte seine Liebesaffairen und ihre Mesalliance und wurde erst dünn, als Yeats 18 Jahre später eine sehr viel jüngere Frau heiratete.

Doch während die unerwiderte Liebe sein Leben und seine Gedichte wie ein Leitmotiv durchzog, vergaß sie ihn oft über den Turbulenzen des ihren. Für sie war es der Beginn einer wunderbaren Freundschaft, aber als alte Dame erinnerte sie sich nicht einmal mehr an Ort und Zeit ihres ersten Treffens.

W. B. Yeats hatte bis zu diesem Januartag das Leben eines Künstlers in unsteten Verhältnissen geführt – in Dublin, Howth und Bedford Park, der präraffaelitischen Londoner Gartenstadt mit ihren exzentrischen Gestalten und pfauenblauen Haustüren, und in der Grafschaft Sligo, wo er in der Familie seines Großvaters seinen gälischen Wurzeln nachspürte. Er hatte Gedichte im Stil von Shelley und Spenser geschrieben, sich im Kreis der »Young Irelanders« um John O'Leary herumgetrieben und beschlossen, ein Dichter zum Ruhme Irlands zu werden. In dem Jahr, als Maud Gonne in sein Leben trat, erschien auch sein erster Gedichtband *Oisins Wanderungen.*

Maud, Tochter aus gutem englischen Hause, eine Herkunft, die sie nach Kräften verleugnete, ohne sich jemals ihrer Privilegien zu entledigen, war wie ein Komet, ein seltenes und dramatisches Schauspiel, sehr groß, sehr zielstrebig und sehr berückend; eine Romantikerin der Revolution und als solche nicht immer ganz gescheit und nicht immer ganz leicht zu ertragen; ihre 1,80 Meter von enormen Hüten gekrönt, mit kastanienbrauner Lockenmähne und goldgesprenkelten Augen. Ihren früh verwitweten Vater, einen britischen Offizier, nannte sie in einer Zeit, da junge Damen ihre Väter mit Sir ansprachen, »Tommy« und kokettierte damit, daß man sie in der Fremde gelegentlich für ein

Paar auf der Hochzeitsreise hielt. In Irland, wo Colonel Gonne stationiert war, erfuhr Maud zum erstenmal von der Vertreibung der Pachtbauern, denen die Landjunker die Habseligkeiten vor die Tür werfen und das Dach anzünden ließen und die zu Hunderten auf den Straßen erfroren und verhungerten. Ihre Empörung war tief empfunden und sollte sich nie wieder legen. »Bis Irland frei ist.«

Als sie den fast gleichaltrigen Yeats 1889 traf, war sie 23 und ein aufgehender Stern – nicht gerade am Londoner Theaterhimmel, wie sie das zunächst in Opposition zu ihrer Familie geplant hatte, sondern in den patriotischen Kreisen in Dublin, aus denen sie trotz des dort herrschenden harzigsten Antifeminismus eine Kampagne gegen die Pächter-Vertreibung führte. Sie, »die Frau von den Feen«, wie sie im Westen genannt wurde, verblüffte mit ihrem Auftreten – dieser englische Akzent! diese Pariser Hüte! dieser mörderische große Hund an ihrer Seite! – Polizeibüttel und Landvolk gleichermaßen. Eine Heilige Johanna auf dem Kartoffelacker. Sie redete, agitierte und half: Notunterkünfte zu bauen, Milch und Mehl zu verteilen und eine Pressekampagne gegen die Briten, gegen den unfruchtbaren Parlamentarismus und für die Freiheit Irlands zu organisieren.

Maud Gonne zuliebe trat Yeats revolutionären Komitees und der Irischen Republikanischen Bruderschaft bei, obwohl ihm Massenaufläufe zuwider waren und er Gewalt fürchtete und ablehnte. Sie hingegen genoß den Auftrieb und die Provokation. »Im Gehen wirft sie den Kopf lachend in den Nacken«, schreibt er über eine gemeinsam durchgestandene antibritische

Demonstration in Dublin, bei der zweihundert Menschen verletzt wurden und eine alte Frau zu Tode geknüppelt.

Für sie war er einfach »Willie Yeats«, der »große, schlaksige Junge« mit der genialischen Geste, in wallendem schwarzem Umhang und flatternder Krawatte, der ihr die Bücher hinterhertrug und Hutschachteln, Kanarienkäfige und die restliche Menagerie im Zugabteil verstaute (ein Seidenäffchen gehörte zeitweilig dazu und immer Dagda, die dänische Dogge), wenn sie wieder einmal in revolutionärer Absicht nach Paris, St. Petersburg oder New York rauschte; den Revolver im Muff, die konspirativen Papiere im Saum eingenäht. Sein »Oh Maud, warum heiratest du mich nicht und gibst diesen tragischen Kampf auf?« beschied sie kurz mit: »Willie, wann wirst du es endlich leid sein, mir diese Frage zu stellen? Wie oft habe ich dir geraten, den Göttern zu danken, daß ich dich nicht heiraten will. Du würdest mit mir nicht glücklich werden.«

Aber natürlich wurde er ohne sie auch nicht glücklich. »Sie ist keine Muse«, schreibt Werner Vordtriede, »sondern eine göttliche Furie, die ihn ins Gedicht treibt.« Helena, die unschuldig-schuldig Troja zerstörte, Mondkönigin, Phönix und Mänade. Was wäre aus seinem Werk geworden, wenn sie ihn erhört hätte? »Ich hätte die armen Worte weggeworfen und wär' zufrieden gewesen zu leben.« schreibt Yeats.

Er bat sie mehrmals, sich seinem Schutz anzuvertrauen. »Ich brauche keinen Schutz und kann ihn von keiner Seite annehmen«, schrieb sie zurück, aber niemals entmutigte sie ihn so weit, daß er aus ihrer Umlaufbahn geschieden wäre. »Du schmiedest so hübsche

Gedichte aus dem, was du dein Unglück nennst … Dichter sollten niemals heiraten!«

Was sie ihm nicht sagte, war, daß sie längst vergeben war, daß ein Monsieur Millevoye und eine gemeinsame Tochter in Paris lebten. Die arme kleine Iseult geriet nie in den Stand des legitimen Kindes; sie mußte als »Adoptivtochter« oder »Verwandte« von Miss Gonne durchgehen. Selbst in ihrer 1938 erschienenen Autobiographie, in der Maud Gonne eine sehr gute Meinung von sich als Rebellin gegen die Konventionen verbreitet, kommen die Verhältnisse nicht zur Sprache. Yeats sollte in Verwirrung und Herzensnot mit 52 Jahren Iseult Gonne, die so schön wie ihre Mutter in jungen Jahren war, einen Heiratsantrag machen. Sie lehnte ihn ab. »Oh Herz, wir sind alt./Lebendige Schönheit ist nur Jungen schön:/ Das Kaufgeld wilder Tränen ist verweint.« Maud hatte ihn gewarnt. Dennoch gab es kein pikiertes Schweigen. Man blieb einander zu dritt in alter Vertrautheit zugetan.

Yeats stellte sich als einer der führenden Köpfe der Irischen literarischen Renaissance eine Erneuerung Irlands auf künstlerischer und spiritueller Ebene vor, und er wollte Maud in sein »Land der Sehnsucht« führen. Brach sie nicht in verblendetem Idealismus die ewigen Gesetze? Tat sie ihm nicht weh, wenn sie »tagaus tagein, das blöde Volk so scharf/ Zu blindem Eifer und Gewalt verhetzt«? Aber obwohl sie sich zu den keltischen Wurzeln und seinen mystischen Gedankenspielen hingezogen fühlte, geriet sie bald mit seinem okkulten »Orden der goldenen Morgenröte« überkreuz, den sie vom britischen Freimaurertum unterwandert wähnte. Kommunikationsversuche zwischen Willie und Maud auf astraler Ebene schlugen fehl, und außerdem, so fand sie, hatte sie Wichtigeres zu tun, nämlich: Irland vom britischen Joch zu befreien. 1903 heiratete sie in Paris den irischen Revolutionär Major John MacBride. Er war kein sehr inspirierender Partner und die Ehe keine gute Idee; nach der Geburt eines Sohnes trennten sie sich wieder. Yeats, den die Nachricht von ihrer Hochzeit auf einer Vortragsreise durch die USA ereilte, war so niedergeschmettert, daß er später nicht mehr wußte, wie er durch seine Rede und den Rest des Abends gekommen war.

Im Jahr darauf gründete er zusamen mit Lady Gregory das irische Nationaltheater und schrieb die ersten Stücke für das *Abbey*: *Deirdre* und *Die schattigen Wasser*, die sich auf mythologische Stoffe bezogen. Das »keltische Zwielicht« waberte damals heftig um die national gesinnten Köpfe und verdunkelte die Aussicht auf eine freie Kunst und ein tolerantes Staatsgebilde. Als Theaterdirektor sollte Yeats, der in seiner Jugend von der unduldsamen Sorte war, später vor ein Publikum treten, das unpatriotische Stücke niederschrie, um »genauso toll wie der Tollste da unten« (Sean O'Casey) und wie ein alter, rasender Cuchulain seinen Spott und seine Verachtung herauszubrüllen. Als Literatur-Nobelpreisträger und Senator des Irischen Freistaats stemmte er sich wortreich, aber vergebens gegen die Zensur seines prüden, bigotten, »narrensüchtigen« Landes.

Das unabhängige Irland hatte einen schlechten Start genommen. Unter der neuen Regierung hatte es mehr Hinrichtungen als in den vier Jahren Krieg gegen die Briten gegeben. Tausende von Republikanern waren interniert. Den Träumen, die die literarische Renaissance inspiriert, denen sie ihre politische Stoßkraft verliehen hatte, war ein schrecklicher Zwist und die schäbige Realität der Unabhängigkeit gefolgt. Yeats war »a smiling public man« geworden, eine Figur, die der folgenden Generation nichts mehr sagte: Märchenonkel, Spiritualist, in Auftritt und Weltfremdheit der Senator und große Dichter; ein Mann, der ein einziges Mal in seinem Leben eine Kneipe betreten hatte.

Es war dieses Establishment und dieses Rumpfstück von Staat ohne die sechs Grafschaften im Norden, gegen die seine alte Flamme gekämpft hatte. Sie trug nun Trauerflor; nicht für den nach der Oster-Rebellion hingerichteten John MacBride, sondern für Mutter Irland, und sie betrachtete Yeats' Amt als persönlichen Verrat. »Wir stritten ernsthaft, als er Senator eines Freistaats wurde, der die Prügelstrafe für junge republikanische Soldaten einführte, die Irland von der Verseuchung des Britischen Empires befreien wollten, und einige Jahre lang trafen wir uns nicht mehr.« Yeats mußte im Hintergrund die Fäden ziehen, um Maud Gonne, für die der Kampf nicht beendet war, aus dem Kilmainham Gefängnis zu holen. Und doch schieden sie im Spätsommer 1938 in Freundschaft voneinander, als er nach Südfrankreich ging.

»Wie viele liebten dich im heitren Licht/ Und, weil du schön warst, sahn dich mit Begier, /Doch einer liebt' das Pilgerherz in dir, /Die Trauer in dem wechselnden Gesicht./ Und wenn du dich hinunterneigst zur Glut, /Dann flüstre traurig: wie die Liebe floh/ Und auf den Bergen hinschritt irgendwo/ Und ihr Gesicht verbarg in Sternenflut.«

An der Riviera wurde Yeats vom Zweiten Weltkrieg überrascht und starb im Januar 1939. Es war Maud Gonnes Sohn, Sean MacBride, der als irischer Außenminister nach dem Krieg Yeats Sarg von Roquebrune überführen und in Drumcliff im Schatten des Ben Bulben beisetzen ließ.

Sie überlebte ihn um 14 Jahre, »eine heilige Kuh der Revolution«, wie die Nachkriegsgeneration Dubliner Literati sie nannte, die mit Ironie, Schrecken und Bewunderung ihren Tee bei Madame Maud Gonne trank. Sie war mit 87 nicht duldsamer geworden, nun aber eingesperrt in einen alten Körper, und vielleicht betrachtete sie die politischen Umtriebe ein wenig amüsierter ... »In deinem Haar ist Grau. /Den jungen Männern stockt nicht mehr der Atem,/ Wenn du vorbeigehst. /Doch segnet dich vielleicht ein Alter leise ...«

Zu Beginn des Jahrhunderts hatte sie einmal unter Protest das *Abbey* und ein Stück von Synge verlassen, weil der Autor in ihren Augen das irische Volk veralberte. Das Theater und die Kunst hatten dem Freiheitskampf zu dienen und nicht der feindlichen Presse Munition gegen Bauernfünfer und Sumpftrotter zu liefern! Und war es nicht ein Jammer, daß Willie bei all seinem herrlichen Talent nur ein einziges brauchbares Agitprop-Stück geschrieben hatte?!

Dieses Stück war *Cathleen ni Houlihan*, in dem die Erscheinung einer alten Frau einen Bauernjungen überredet, sich von seiner Liebsten zu trennen und seine ganze Kraft dem irischen Freiheitskampf zu widmen. Sein Opfer macht Irland wieder jung: Die alte Frau verwandelt sich am Schluß in eine blühende Schönheit. Und einmal in ihrem Leben hatte Maud sich von Willie überreden lassen, in einer Hauptrolle auf der Bühne zu stehen. Aber sie stand ja nicht; sie fegte durchs Publikum herein in wallenden Gewändern, und als sie schließlich die Maske der krummen Alten abwarf und sich zu ihrer vollen Größe aufrichtete, konnte jeder sehen, was Maud Gonne für Yeats immer gewesen war: Cathleen ni Houlihan, das heilige Irland, ein menschgewordener Mythos und »die schönste Frau, die die Welt jemals gesehen hatte«.

Der gute Heinrich

Mid pleasures and palaces though we may roam,
Be it ever so humble, there's no place like home.
(John Howard Payne)

Als Heinrich Böll 1954 zum erstenmal nach Achill Island kam«, erzählt Mrs. King, eine schöne, wohlfrisierte ältere Dame in einem grauen Ensemble und einem bunten Seidenschal, »da war er wirklich sehr arm.« Was Mrs. King damals für den deutschen Dichter getan hat, verrät sie nicht, aber in seinem *Irischem Tagebuch* erscheint sie als die junge Arztfrau, die nachts whiskeytrinkend und zeitunglesend auf die Heimkehr ihres Mannes von einer Entbindung wartet. »Ah, nein, einen Kupferkessel der Armada hat er nie als Honorar erhalten; das hat Heinrich sich nur ausgedacht. Sehr poetisch, nicht wahr?« Heinrich sei ein wunderbarer Mensch gewesen, sagt Mrs. King, von allen auf der Insel sehr geschätzt, und heute gehe für sie ein Traum in Erfüllung: die Schlüsselübergabe von Bölls Cottage in Dugort an einen anderen Poeten. Das Haus, schon in den letzten Lebensjahren des Autors wenig genutzt – ein Trakt ist feucht, durchziehende Besucher stahlen alles, was nicht niet- und nagelfest war, der Schreibtisch verrottete und flog auf den Müll –, soll endlich wieder Leben sehen.

Mrs. King ist Mitglied einer kleinen, exklusiven Bürgerinitiative auf Achill Island, die mit dem deutschen Pendant, bestehend aus Sohn René Böll und der Böll-Stiftung einen Verein gegründet hat, der das Cottage als Domizil für Schriftsteller und bildende Künstler geöffnet hat (wobei die irische Seite einen ungleich entschlosseneren und besser organisierten Eindruck hinterläßt).

Hier, zwischen Moor und Meer, sollen die Künstler für einige Wochen oder Monate Ruhe, Abgeschiedenheit und ein kleines Arbeitsstipendium vorfinden, drei unerläßliche Elemente zur Beförderung des work in progress. Von den Bergen zieht der Regen in Wolkenstores, doch wenn die Sonne hervorbricht, glitzert das Grün wie soeben erschaffen, und Rotkehlchen singen leidenschaftlich in den Sanddornhecken.

Zusammen mit dem deutschen Botschafter, der die Gäste in höflichem Gälisch begrüßt (»Freunde und Edle«), drücken sich Herren vom Goethe-Institut in Dublin und zahlreiche Nachbarn aus Achill in der schmalen Küche, dem kleinen Wohnzimmer und dem spartanischen Arbeitszimmer an die Wände. Der Friseur aus Keel ist da, der den Böll-Kindern die Haare geschnitten hat, Mr. Levelle von der Tankstelle, Frau Fuchs, die Ziegenmilch und frische Eier an die Tür stellen will – und natürlich der erste Stipendiat und Nachmieter, Macdara Woods, ein Dichter aus Dublin. Er hat sich für die kommenden Wochen einen wasserdichten Mantel (der heilige Macdara schützt vor Ertrinken), einen Stapel weißes Papier, seine alte Woodstock-Schreibmaschine und viele, viele Musikkassetten mitgebracht. Achill, sagt er, sei wunderbar zum Spazierengehen und zum Dichten. Beim Ausschreiten fielen ihm, Nachkomme fahrenden Volkes, die Versfüße ganz von selber zu.

»You are very welcome«, flüstert René Böll Macdara Woods zu und öffnet die rote Eingangstür – dreimal für das irische Fernsehen. René Böll hat sich vorbehalten, das Cottage sechs Monate im Jahr privat zu nutzen.

Als Heinrich Böll mit Familie Mitte der fünfziger Jahre zum erstenmal in den wilden Westen Irlands reiste – »Mayo, God help us« –, war er nicht nur arm und auf seine Nachbarn angewiesen, er versuchte auch, den Schrecken des Nachkriegsdeutschlands zu entkommen. Sohn René, damals sieben Jahre alt und im zerbombten Köln aufgewachsen, betrat ein Land, in dem alles heil und freundlich schien. Kein literarisches Werk hat das Bild der Deutschen von den Iren als liebenswerte, kinderreiche, katholische Käuze nachhaltiger geprägt als das *Irische Tagebuch* seines Vaters.

Seitdem ist viel Wasser nach Keem Bay hineingetobt. »Es gibt dieses Irland: wer aber hinfährt und es nicht findet, hat keine Ersatzansprüche an den Autor«, hatte Böll auf das Vorsatzblatt geschrieben. Inzwischen ist das »Skelett einer menschlichen Siedlung« am Abhang des Slievemore Mountain – ein Dorf, das während der Hungersnöte vor 150 Jahren aufgegeben wurde – ganz in sich zusammengesunken, eingebettet in eine nasse, moorige Schafsweide. Das Kino, in dem Böll die gelassene Handhabung der Zeit kontemplierte, ist abgerissen. Die beschaulichen Gespräche und das fröhliche Zechen sind dem ernsthaften Niedermachen zahlloser Pints gewichen; in jeder Kneipenecke kräht ein Fernsehapparat – niemand schaut hin, und keiner versteht sein eigenes Wort.

Überlebt haben Witz, Enthusiasmus und Spendierbereitschaft. Der Grafschaftsrat von Mayo überreicht einen Scheck über dreitausend Pfund. Genug, um den Künstlern einen anständigen Schreibtisch hinzustellen.

Seßhafte und Reisende

Ahem , Ahem, me mother is gone to church,
She told me not to play with you because
you're in the dirt.
(Kinderlied)

Es geschah im Sommer, als die braven Leute von Tallaght zu einem Bürgermarsch riefen. Eine Pest hatte sich in ihrem Dubliner Vorort breitgemacht, die sie nicht mehr zu dulden bereit waren: Tinker und anderes fahrendes Volk. Ihre großen Caravans standen am Straßenrand und auf Parkplätzen, und offenbar wurden es immer mehr. Hygiene, Moral und Ansehen dieser ausgezeichneten Gemeinde waren in Gefahr. Ein Radioreporter war herbeigeeilt, um den ersten verbalen Schlagabtausch vor dem Wohnwagen von Mrs. Joyce zu dokumentieren. Angesichts des Medien-Abgeordneten mäßigten die Bürger von Tallaght ihre Sprache. Es war viel die Rede von unhaltbaren sanitären Zuständen, von nur einem Wasserhahn (kalt) auf dem Gelände, von Müllbergen und daß selbstverständlich etwas für die fahrenden Leute getan werden müßte, aber doch nicht ausgerechnet in ihrem Ort.

Nicht so Mrs. Joyce, die sich vom Feind umringt sah, den wohl nur die Anwesenheit des Reporters daran hinderte, gegen ihren gepflegten Caravan mit den Spitzengardinen, den Porzellanschäferhunden und Plastikrosen im Fenster zu randalieren. Sie erhob ihre Stimme und verfluchte die ganze Bande mit irisch-biblischer Sprachgewalt: Christenmenschen wollt ihr sein? Gebildete Leute? Eure Gesichter sind rein gewaschen, aber eure Herzen sind schmutzig, und der Schmutz stinkt zum Himmel!

Wie diese Konfrontation in dem respektablen, Schuhschachtel-Vorort enden die meisten Versuche der Regierung, fahrende Leute in Irland ansässig zu machen, sei es in Wohnblocks oder auf ausgewiesenen Caravanplätzen, von denen die meisten Reisenden im Frühjahr wieder aufbrechen. Die Nachbarschaft ist so gut wie immer gegen die Zugezogenen. Schmutz, Krankheit, alkoholische Exzesse und verwilderte Sitten werden in ihrem Gefolge vermutet.

Die Tinker sind keine Zigeuner wie die Romani, sondern Iren, die seit Generationen, viele seit Jahrhunderten auf der Walz sind. Ihre »geheime« Sprache, das Shelta oder Gammon, ist ein Gemisch aus altertümlichem Gälisch und eigenem Slang – irisches Rotwelsch. Ihre Altvorderen waren in vielen Fällen kleine Pächter, die in den Hungerjahren von Haus und Hof vertrieben wurden. Sie suchten ihr Überleben auf der Staße, als Blechschmiede und Kesselflicker, Korbflechter, Schornsteinfeger, Wahrsager, Pferdehändler, Hausierer und Musiker. Manch ein meisterlicher Uillean-Pipe-Spieler ist aus den Reihen der »travelling people« hervorgegangen – Johnny und Felix Doran oder Finbar Fury.

In den sechziger Jahren noch waren fast alle der knapp zweitausend in Irland gezählten fahrenden Familien auf der Landstraße – von den Ärmsten, deren Habseligkeiten von einem Karrenhund gezogen wurden und die unter Zeltplanen am Straßenrand lebten, bis zu den Wohlhabenderen in den buntbemalten, tonnenförmigen Pferdewagen und später in den Rostlauben mit etwas mehr PS vor den Campinganhängern. Heute konzentrieren sich Handel und Wandel der meisten Sippen auf die Städte. Da für ihre traditionellen Berufe immer weniger Nachfrage besteht, haben sie sich auf das Geschäft mit Schrott, Trödel und alten Kleidern verlegt. Über fünfzig Prozent sind dauerhaft oder vorübergehend seßhaft geworden, aber immer noch trifft man – mitten in Dublin – auf Menschen, die ihr Camp auf einem schmierigen Trottoir aufgeschlagen haben und auf der Straße schlafen und essen. Kinder und Hunde unter zerbrochenen Möbeln und nassen Zeltbahnen – es ist nicht zu beschreiben. Tagsüber gehen die Frauen, meistens mit einem Baby in der karierten Umschlagdecke, in der Innenstadt betteln. Nein, betteln tun sie eigentlich nicht. Sie fordern finster Tribut für ihre Kinder, die sich, mit einem Pappkarton in der Hand, an die Beine der Vorübergehenden klammern, für ihre zerschlagenen Gesichter, für Schmutz, Kälte und unbesiegbare Armut: Haben Sie einen Penny übrig, Mister? Das Baby braucht Milch. Aber wer dann Kupfer in ihre Schachtel wirft, kann mit einem Fluch rechnen, der ihm noch zehn Meter weiter in den Ohren gellt: Die Pest an deinen Hals, du knausriger Bastard!

In der Saison ist das Auskommen durch erschrockene Touristen besser als im Winter. Seßhafte Dubliner pflegen bei dem Thema »Itinerants« wurschtig abzuwinken: »Die tun ja nur so, denen geht's ganz gut, die sind dran gewöhnt.« Gewöhnt sind sie es freilich, aber die harten Gesichter der noch jungen

Frauen, die zehn und mehr Schwangerschaften hinter sich haben – Tinker-Familien sind laut Statistik im Durchschnitt doppelt so groß wie die ansässiger Bürger –, die kleinen Rotznasen, die ohne Strümpfe und Jacken im Regen auf der O'Connell Bridge sitzen, das Familienoberhaupt, das spät um zehn sternhagelvoll zum Abkassieren kommt – sie erlauben die Frage, wie sich eigentlich die Gutbehausten an diesen Anblick gewöhnen konnten.

Das Ressentiment der Seßhaften gegenüber den fahrenden Leuten rührt nach Ansicht der Autorin Sharon Gmelch (*Tinkers & Travellers*) aus der unangenehmen Erinnerung an ein anderes Irland: »Barfüßige Kinder, Karren, Esel, Zelte und traditionelle Kleidung wie Umschlagtücher sind Symbole ländlicher Armut, die die meisten Iren lieber vergessen möchten ... einige rühren von eher grundsätzlichen oder tieferliegenden psychologischen Faktoren. Ihr Nomadentum wird zum Beispiel als Verweigerung gegenüber bürgerlichen Werten wie Landbesitz ausgelegt.«

Oder, um es auf den Nenner von Mrs. Joyce in Tallaght zu bringen: Eure Gesichter sind rein gewaschen, aber eure Herzen sind schmutzig. Schmutziger als die Backen eines Tinker-Kindes.

Die Pighouse Collection

12. In jeder Ordnung, die du schaffst,
soll Platz für Unordnung sein.
13. Du sollst nie etwas Größeres
auf etwas Kleineres legen.
(Valentin Braitenberg)

Jeder, der es einmal mit Vergnügen besucht hat, behält »sein« Irland. Das fing bei Heinrich Böll an und hört bei Harry Rowohlt nicht auf. Kaum ein Mensch erhebt Anspruch auf »sein« Teneriffa, aber wer nach Irland reist, meint oft, er hätte schon allein durch diesen Vorgang eine gewise Individualität gepachtet. Aus Irland kehren Leute heim, die eifersüchtig über geheime Stätten wachen, deren Kenntnis sie mit keinem anderen Menschen – und schon gar nicht mit einem anderen deutschen Touristen – zu teilen wünschen. Der eine hat eine Kneipe an der Westküste entdeckt, in der die beste Musik abgeht, der andere kennt einen alten Knaben, der ihm die dicksten Bären aufgebunden hat über Elfen und Feen, der dritte weiß ein Dorf, wo noch ganz, ganz tolle Fischer wohnen.

Ich habe in Irland viele schöne Plätze gesehen, aber ein exklusiver »Geheimtip« ist nicht dabeigewesen. Andere waren immer auch schon da, und ich bin hingegangen, wo andere vor mir waren. Das hat dem Vergnügen selten Abbruch getan. Und so habe ich das beste

Pint bei *Mulligan's* in Dublin getrunken und die beseligendste Musik in *Slattery's* ebenda gehört, zwei weitbekannte Etablissements.

Einen Tip habe ich aber doch weiterzugeben, und ich bin sicher, daß die Stätte deshalb nicht überlaufen wird, denn zum einen liegt sie ein bißchen weg vom Schuß, und zum zweiten ist der ganze Krempel nicht jedermanns Geschmack. Ich spreche von Mrs. Faris' Pighouse Collection bei Cornafean, County Cavan, zu finden auf dem Weg von Cavan nach Killeshandra. Dort liegt rechts eine Scheune, an der unübersehbar weiß auf lila steht: Fear the lord and depart from evil. Von dort ist es die nächste links: zum Pighouse Folkmuseum. Nach ein paar Meilen hält man vor einem Gattertor und legt die Auffahrt zu Fuß zurück bis zu dem kleinen Herrenhaus auf der Anhöhe zwischen Rosen und Rhododendron. Die Fassade ist halb mit Efeu überwachsen, und durch die Parterrefenster sieht man in ein verkruschtes Wohnzimmer. Das ist es noch nicht. Man muß klingeln und warten. Dann wird man um das Haus herumgeführt zu den Ställen. Und dort hat Mrs. Faris ihr »Museum«, oder ihre »magpie collection«, wie die junge Frau, die aufschließt, ein wenig abfällig bemerkt. Ach, nie sah ich ein größeres Wunder für 50 Pence! Drei Ställe und ein Bodenraum, in denen sich die Requisiten einer vergangenen Welt häufen. In der ersten Abteilung Kleider, Hüte, Schuhe, Puppen, Schmuck, Orden und allerlei Schriftliches. Zarte Spitzen, Knabenstiefel, Atlasroben, die Slipper, die die Duchess of York 1820 auf einem Ball trug – was für ein Füßchen! Die Uniform von Trommler Nightingale aus der Schlacht von Waterloo auf einem Kleiderbügel, klar und mottendicht in Plastik verpackt. Aber auch so fremdartige Geräte wie einen Handschuhstrecker und eins, mit dem man Bänder auf einer Haube drehen konnte. In den anderen Räumen das rustikale Zubehör, eine Dreschmaschine, Kutschen, Kinderwagen, Möbel, Töpfe, Lampen, Handwerkszeug.

Ich war überwältigt – nicht nur von der Menge der Artikel, mehr noch von dem Geist, der in diesem Museum webt, die Idee, daß ein jedes Ding seinen Wert hat und nicht fortgeworfen werden darf. Ich bewundere diese Haltung und sympathisiere zutiefst mit ihr. Sie muß seit Generationen in der Familie von Frau Faris gepflegt worden sein und hat in dieser Dame ihren reifen Sachwalter gefunden: Ja, alles aufheben, sortieren, numerieren, etikettieren, und auch den ausrangierten Gegenständen anderer Leute ein Plätzchen anbieten, auch dem Polizeiknüppel, dem langen Nagel mit den aufgespießten Rechnungen, die Alter und Staub in eine Art Blätterkrokant verwandelt haben, dem rostigen Fahrrad, dem Playmobil-Ensemble von der Mondlandung, der Kollektion von Käseglocken, dem Petroleumbügeleisen und dem Foto des Preisbullen von einer Royal Ulster Show. »Kilkea Captain« hieß er, das ist doch ein Name, an den man sich gern erinnert.

Staub, Sonnenlicht, Feuchtigkeit und mangelnder Schutz setzen der Kollektion zu. Im Hofe nebenan scharren die Hühner, ein Pony möchte auch eintreten. Über 2000 Gegenstände auf und unter Tischen kann man nicht in Ordnung halten. Muß man es? Irgendwann werden die Roben zerfallen, die Schühchen verschimmeln, aber der Gedanke, daß dies in würdiger Form in der Pighouse Collection geschehen wird, hat mich noch lange mit Begeisterung und Herzweh erfüllt. Frag nicht, warum.

Einhorn gegen Löwe

We then came in sight of the Scotch coast,
which is very beautiful, so dark, rocky,
bold and wild, totally unlike our coast ...
We saw many bonfires on the Scotch coast.
We let off four rockets, and burned two blue lights.
(Königin Viktoria auf ihrer ersten Schottlandreise 1842)

Als der fünfte Lord von Traquair an einem Nachmittag im Spätherbst seinem Gast unter dem von steinernen Bären bewachten Tor Lebewohl sagte und die Flügel hinter ihm schloß, gab er ihm mit auf den Weg, daß das Tor nicht eher wieder geöffnet würde, bis ein Stuart-König auf dem englischen Thron säße. Das war ein galanter, aber wohlfeiler Abschiedsgruß, denn beide rechneten damit, daß ein Stuart-Sieg und die Thronbesteigung unmittelbar bevorstünden; ein paar Wochen, höchstens ein Vierteljahr ... Bis dahin würde man den Kies rechen, das Gras kurz halten und eine seitliche Auffahrt zu Traquair House nutzen.

Das Gras wird nun seit 250 Jahren kurz gehalten, das Bärentor ist zu, und Catherine, 21. Lady von Traquair, benutzt wie alle ihre Besucher die schmale »provisorische Auffahrt« rechts der großen Bäume, die das weite Wiesenband zwischen Tor und Traquair House säumen. Denn der Gast, hinter dem der Schlüssel herumgedreht wurde, war Bonnie Prince Charlie, der letzte Kron-Prätendent, mit dem die Sache der Stuarts 1746 im Gemetzel von Culloden unterging. In Traquair ist der Tisch wie für eine jacobitische Verschwörergesellschaft gedeckt – sie brachte den obligatorischen Toast auf den König über der Schale aus, in der man zwischen den Gängen sein Glas spülte: »the king across the water« – Prinz Charles Edward im französischen Exil. Über die Seitenflügel ranken weiße Jacobiter-Rosen, und auf dem Rasen sitzt die junge Lady Catherine und krault ihrem (Stuart) King-Charles-Spaniel die braungelockten Ohren.

Das Beharrungsvermögen der Schotten überstrahlt bei weitem ihren Sinn für Ökonomie. Ihr Emblem ist die Distel, ihr Wappentier das Einhorn, das dem englischen Löwen seinen Schädel hartsinnig, aber letztlich vergeblich entgegenstemmte. Nirgendwo ist ihre stachelige Gegnerschaft, aber auch ihre Rolle als die gemeinsamen Wappenträger des Vereinigten Königreichs deutlicher als im Grenzland südlich der Linie Edinburgh – Glasgow, das die meisten schon für einen Teil Englands halten und das sich oft schottischer als die Highlands gibt. Das feste Haus Traquair bei Innerleithen, Neidpath Castle, Roxburgh Castle liegen als die Kettenglieder eines Signalsystems gegen die feindlichen Vettern nur wenige Meilen voneinander entfernt. Die Lords von Traquair – unwandelbar jacobitisch-katholisch – versteckten ihre Priester in einem Geheimzimmer. Die Meßgewänder, ungeschmückt und ganz in Weiß, konnten bei einer Hausdurchsuchung rasch zwischen die Bettwäsche geschoben werden. Überall gibt es kaschierte Türen und in Mauern verborgene Fluchttreppen – eine sogar mit einem steinernen Klo auf dem Absatz.

Glamis Castle – vor Eintritt Glämis, nach Verlassen Glaams –, etwas weiter nördlich gelegen, ist nicht nur das Gemäuer, in dem Macbeth König Duncan meuchelte (eine innerschottische Angelegenheit), sondern war 1930 auch der Geburtsort von Prinzessin Margaret, »dem ersten königlichen Baby in direkter Linie zum englischen Thron, das seit 300 Jahren in Schottland geboren wurde.« Nicht allen Schotten mag das wichtig erscheinen, aber dem 13. Grafen von Strathmore and Kinghorne auf Glamis ist es buchenswert, sonst hätte er es wohl nicht in seinen Führer aufgenommen. Dort ist er auch neben seiner Großtante, der Queen Mother, abgebildet, die ihre Jugend auf Glamis verbrachte. Ihr Wohnzimmer, bei Abwesenheit dem Publikum zugänglich, ist mit frischen Blumen und einem Feuer im Kamin stets zur Aufnahme der alten Dame bereit. »Stellen Sie sich die Queen Mom dort an ihrem kleinen Schreibtisch vor«, sagt die Führerin gerührt. Ja, wir sehen sie, ganz in Bleu, versonnen den Stil ihres Sherryglases drehend und zum Erkerfenster hinauslächelnd, denn auf dem Tisch ist kein Platz, um auch nur die Adresse auf einen Briefumschlag zu schreiben. Familienphotos kreuz und quer; zwei kleine Mädchen mit Seitenscheitel in den festen Locken haben ihr Bild signiert: Lilibet – Margaret – 1935.

Enkel/Sohn/Neffe Andrew hatte sich zur Zeit seines Werbens um Sarah Ferguson in einem anderen schottischen Schloß zu Hause gefühlt: Floors Castle bei Kelso. Sein Besitzer, der zehnte Herzog von Roxburghe, hat die Hochzeitsbilder des inzwischen verkrachten Paares im Salon ausgestellt wie nur je ein Angeber. (Zweite Reihe, dritter von links, das bin ich.)

Während Glamis mit seinen hohen Mauern und spitzen Türmen und trotz seiner Stuckdecken und lachsrosa Polstermöbel Reste mittelalterlichen Unbehagens ausstrahlt, ist Floors Castle der steingewordene Fluch derer, die zuviel besitzen. Noch im 18. Jahrhundert ein schlichtes, georgianisches Herrenhaus zwischen Cheviot Hills und Tweed, verpaßte ihm der sechste Herzog 1840 zwei Zangenflügel und ein Dach voll Nippes. Unter ungezählten gedrechselten Türmchen und Häubchen erhebt sich »Schottlands größtes bewohntes Haus« mit seinen Hunderten von starrenden Fenstern – ohne den schmeichelnden Fächer eines einzigen Efeublattes, das tröstliche Bleumourant einer Glyzinienblüte oder die versöhnende Keckheit des Jelängerjeliebers – aus einer Kies- und Rasenwüstenei, durch die der Besucher dem neogotischen Portal zuwatet.

Floors ist ein Museum, denn – so der Herzog – »jede Generation meiner Familie hat natürlich zu den Schätzen des Hauses beigetragen.« Aus Passion, Kennerschaft oder abgrundtiefer Langeweile? Großmutter May sammelte französische Gobelins, Rokokomöbel, Sonnenschirme und Bilder des Fauvismus; andere chinesische Miniaturen und Vasen, Tabakdosen, Parfumflakons, ausgestopfte Vögel, Kaminuhren, Münzen, Mineralien, Waschgeschirre, Kostüme, Waffen, Gemälde, Angelzubehör und Porzellan. Im scharlachrot ausgeschlagenen Nähzimmer hängen über golden-muschelrosa Sesseln im Stil Louis XVI. Bilder von Matisse und Redon. Die Herzogin May kannte offenbar keine Schmerzgrenze.

Besucher kommen jedoch nicht nach Floors, um

sich den Schreck ihres Lebens zu holen, sondern um zu sehen, was SIE daraus gemacht hat. Der gegenwärtige Herzog hatte sich nämlich von seiner ersten Frau scheiden lassen, um die junge Innenarchitektin zu heiraten, die ihm bei der Umgestaltung seines benachbarten Sunlaws House in ein behaglich-luxuriöses Landhotel eine große Stütze war. Diese neue Herzogin kann es an Eifer und Unausgefülltheit durchaus mit vergangenen Generationen aufnehmen. Die Ausstellung, die sie im Roben-Zimmer an Schaufensterpuppen der 70er Jahre vorgenommen hat, findet die entschiedene Mißbilligung von Mr. Cook, dem Führer. »Schauen Sie sich die an; der fehlt nur noch eine Gitarre.« Und ausgerechnet die trägt am ungelenken Körper das Hochzeitskleid der ersten Herzogin. Mr. Cook kopfschüttelnd: »Den Phaeton hat sie zerlegt ins Erdgeschoß bringen und dort wieder zusammensetzen lassen. Sie kutschiert nicht, sondern reitet, aber wer weiß …« »Kann die Herzogin Sie noch überraschen, Mr. Cook?« »Absolut.«

Südlich von Floors liegen die Ruinen von Roxburgh Castle, einst die stärkste Feste an der Grenze und über hundert Jahre in englischer Hand, ehe die Schotten unter James II. sie 1460 schließlich erfolgreich berannten. Der König wurde dabei in die Luft gejagt, als er eine Kanone abfeuerte, und eine Stechpalme bezeichnet die Stelle, wo man ihn einsammelte.

Ein Haus, das seit der zweiten Hälfte des 14. Jahrhunderts steht und aussieht, als könne es noch tausend Jahre ertragen, ist Neidpath Castle bei Peebles. Wie ein grauer Fels, kriegerisch und beinahe fensterlos wächst es aus einem Steilhang über dem lieblichen Fluß Tweed. Die Aue ist geschmückt mit alten Bäumen und onduliert von den Resten eines »formal garden«, der zu Neidpath paßt wie eine Dauerwelle zu einer Highlandkuh. Innen ist Lehm und Fels der Boden, herrscht der Geruch von Dingen, die noch nie die Sonne gesehen haben. Auch in Friedenszeiten müssen sich die Bewohner wie Gefängnisinsassen gefühlt haben. War es nicht selbst in einem stinkenden Cottage behaglicher, wo Rind und Schwein ein wenig tierische Abwärme gaben? Bescheiden erbsengrün gestrichen ist die Täfelung der großen Halle. Das Zimmer, in dem Maria Stuart schlief, wird man 1563 mit Wandteppichen hergerichtet haben. Hinter seiner Nordwand führt der Abzug des großen Kamins vorbei, ein lauwarmer Trost. Neidpath ist alles andere als ein »Stately Home«, und weder gibt es einen Souvenirladen noch eine Teestube, aber hinter jeder Treppenbiegung hockt das authentische Mittelalter. Hallo, Alter, schlecht siehst du aus!

Border Country – das ist auch das Land, das Sir Walter Scott, der Leib- und Seelendichter des frühen 19. Jahrhunderts, liebte. Als seine Rosse den Leichenwagen nach Dryburgh Abbey zogen, blieben sie – wahre Gewohnheitstiere – auf Sir Walters Lieblings-Ausguck stehen, von wo er so oft die Eildon Hills, Old Melrose und die Schleife des Tweed bewundert hatte. Scott war es, der 1822 als eine Art Hofmarschall den Staatsbesuch von George IV. in Schottland inszenierte – der erste regierende König seit Charles II. (1651), der sich über die Grenze traute. Der eitle George gefiel sich über die Maßen in seinem neuen Highlander-Kostüm. Kilts und Tartans wurden in London große Mode, und Sir Walter, auf dem Höhepunkt seines Ruhms, legte sich ein repräsentatives Haus zu: Abbotsford am Tweed, ein nagelneues Schloß im Stil einer mittelalterlichen Burg.

Was es heißt, die Decke falle einem auf den Kopf, und zwar in massiver Eiche, kann man dort erleben. Doch, tritt sanft auf, Besucher, du trittst auf Sir Walters Traum! Die finstere Trophäen-Halle, die waffenstarrenden Wände, das getäfelte, von ledernen Buchrücken gesäumte Arbeitszimmer – wie ein Thron steht der Sessel hinter dem Schreibtisch – die Bibliothek und das Eßzimmer, wo er, am Fenster liegend starb – in allem webt der Stolz auf das Erreichte und der Stolz auf das Talent, wobei so manches kuriose Souvenir der Geltungssucht die Spitze bricht. Er hat seine Kollektion als Zeugnis schottischer Eigenart geliebt und zu besonderen Gelegenheiten die Kabinette für die Kinder, Enkel und Besucher geöffnet. Hier: das Kreuz, das Maria Stuart mit aufs Schafott nahm; ein Stück Haferkuchen aus der Tasche eines Highlanders, das er unaufgezehrt mit in die Schlacht von Culloden nahm, sowie eine Kugel vom selben Ort; eine Locke von Bonnie Prince Charlie und ein Täschchen, das Flora MacDonald, seine Fluchtgefährtin, gewirkt hat; Geldbeutel, Messer, Schwert und Gewehr des prominentesten schottischen Räubers und Romanhelden: Rob Roy. Das Pult ist aus dem Holz eines Armada-Schiffs getischlert, und hier, meine Kleinen, die Medaillen, die mir der deutsche Dichter Goethe für meine Übersetzung des *Götz* hat schicken lassen …

Abbotsford, das Scott auf kommende Erfolge hin gebaut hatte, wurde ihm im späteren Leben zum Alptraum. In den Bankrott seines Verlegers hineingezogen, schrieb er sich aus seinen Schulden heraus, ein unmenschliches Pensum, das ihn sieben Jahre später zu Fall brachte. Zwei von Scotts Nachkommen leben in Abbotsford, und Lady Patricia Maxwell-Scott, eine alte Dame mit sehr hellen blauen Augen, dunkelblauer Strickjacke und Perlenkette, ist gern bereit, den enthusiastischsten Besuchern ihre weiche Hand zu reichen und ein wenig geistesabwesend die immer gleichen Fragen zu beantworten: Sie ist die Ururenkelin des Dichters. Ja, vor Monaten wurde hier in der Bibliothek eingebrochen, wahrscheinlich ein bestelltes Verbrechen; unter anderem wurde eine Gürtelschnalle Napoleons gestohlen, mehrere Ringe ... Werden Scotts Romane denn noch gelesen, oder ist er nur noch ein großer Name? Lady Patricia ist sofort wach. Freilich werden sie gelesen! »The last of all the Bards was he,/ Who sung of Border chivalry ...« Ach, Sir Walter, der an seinem antikisierten Mahagonischreibtisch den Topf am Brodeln hielt und ein gefräßiges Bestsellergeschäft bediente. Sein Haus ist eine Reproduktion, sein Werk ein hohes Lied auf eine schon damals untergegangene Welt. Aber im schottischen Grenzland hat die Vergangenheit ein langes Leben.

Rob Roy – trotz allem

We are gaun into the Hielands a bit.
(Sir Walter Scott: Rob Roy*)*

Als Rob Roy durch das Tor in den Garten von Drummond Castle tritt und die Kamera über die Freitreppe und das Parterre schwenkt, »da japste das Publikum förmlich auf«, erzählt die Dame an der Burg-Kasse. Sie hat den Film noch nicht gesehen, aber ihre Kusine in Kanada hat es ihr so berichtet. Der Renaissance-Garten von Drummond Castle i s t ein atemberaubender Anblick, um so mehr, wenn man nicht darauf gefaßt ist. Ein graues Torhaus, ein Hof aus buckeligen Granitschultern, ein Schritt durch die Mauer auf die obere Terrasse hinaus, und ahh – wo sind wir denn hier? Am südlichen Rand der schottischen Highlands, Madam. Eingebettet in ruppiges Gelände liegt da ein Garten wie frisch vom Friseur: Kieswege, die im Wechsel mit buchsbaumgefaßten Lavendelrabatten ein Andreaskreuz bilden, mauerstarke Eibenhecken, durch die kein Vögelchen schlüpft, Bäume in Zuckerhutgestalt und ein grünes Fell, das täglich geschoren und gekämmt seine natürliche Konsistenz nur durch den Duft geschnittenen Grases verrät.

Hier ist er durchgestapft, Rob Roy, der aufrechte Highlander, in gegürtetem Kilt und Plaid, eine Feder am Barett. Kein Höfling, kein Schwert kann ihn aufhalten. Zack um die Hecke! Im Kino ist das Liam Neeson, groß und herrlich anzuschauen, ein Mann wie ein Königstiger. Neben ihm wandelt der Marquis von Montrose, so vorbildlich in Fasson wie sein Garten, aber Häme im Mundwinkel und Rachsucht im Herzen. Schlange!

Rob Roy MacGregor hat gelebt, von 1671 bis 1734. Friedlich zunächst in Inversnaid am Ufer von Loch Lomond als Farmer und Viehhändler. Die kleinen, strubbeligen, schwarzen Highlandkühe waren der Reichtum der Clans; sie sich gegenseitig abzujagen eher ein Gentlemen-Sport als ein krimineller Akt. Die MacGregors stellten darüber hinaus die Bewachung für die großen Viehdriften zum Oktobermarkt in Crieff. Black Mail hieß das Schutzgeld, das die Viehbarone dafür zahlten. Es gab auch damals schon Angebote, die man schlecht ablehnen konnte. Mit dem Marquis von Montrose unterhielt Rob Roy gute Geschäftsbeziehungen, bis sich sein erster Treiber – kein ganz so nobler Charakter wie im Film – mit tausend Pfund des Marquis für ein Joint Venture absetzte und Montrose die Gelegenheit ergriff, das Land von Inversnaid zu konfiszieren, das Haus abzufackeln und nach dem flüchtigen MacGregor, der hinter dem Spitzbuben hergejagt war, steckbrieflich zu fahnden. Es war der Beginn einer langen und erfolgreichen Karriere als Gesetzloser. Montrose kam seine Habgier teurer als die vermißten tausend Pfund zu stehen, denn der rote Rob ließ keine Gelegenheit aus, dem Marquis die Perücke anzusengen, sein Vieh zu stehlen und seine Pacht zu kassieren. Bei den Bewohnern der Lowlands als Strauchdieb und Erpresser, dazu als Jacobit und Rebell berüchtigt, hielten ihn seine Leute in den Highlands als einen gewitzten Verteiler von Volksvermögen in Ehren, einen Robin Hood des Nordens. Die Tücke eines Montrose ging ihm ebenso ab wie der Terror selbsternannter Befreiungsbewegungen. Der König der Schotten würde übers Meer aus dem französischen Exil heimkehren und die Engländer aufs Haupt schlagen. Bis dahin mußte man standhalten und die Familie durch den Winter bringen. »Held oder Schurke?« fragt eine Multivisons-Show im Rob Roy Visitor Centre in der alten Kirche von Callandar und gibt gleich selbst die Antwort: Sagen wir doch »Geschäftsmann«.

Erstaunlicherweise starb er im Bett. Nach einer Generalamnestie war er im gesetzten Alter zu seinen Geschäften als Viehhändler und Schutzgardist zurückgekehrt. Auf dem kleinen Kirchhof von Balquidder mit schönem Blick über Loch Voil liegt er neben seiner Frau Mary und zwei seiner Söhne begraben. »MacGregor Despite Them« – ihnen zum Trotz – steht auf dem Stein. Er hatte sich mit den mächtigsten Adeligen seiner Zeit angelegt und fast ein Jahrzehnt lang Spürhunde, Soldateska und Gefängniswärter gefoppt. Das war ihm nur gelungen, weil er seine fünf Groschen vorbildlich beisammen hatte, ein entbehrungsreiches Leben in der Wildnis gewohnt war – und weil er nie verraten wurde.

An den europäischen Höfen herrschte zu Beginn des 18. Jahrhunderts ein monströser Luxus, »aber die führende Schicht in Britannien südlich der Highland-Linie war sich nicht gewahr, daß in ihrem Land Menschen wie nordamerikanische Indianer in Übereinstimmung mit der Natur lebten«, schreibt Rob Roys Biograph, W. H. Murray. Die wilden Highlander waren der Schrecken der englischen Soldaten, wenn sie angefeuert vom Gellen der Sackpfeifen ihre Plaids von sich warfen, barfuß und im Hemd, die Zipfel im Schritt zusammengebunden, brüllend und schwerterfuchtelnd auf sie einstürzten.

Den ideologischen Zusammenprall mit dem Feudalismus der Engländer hat das alte keltische Clan-System nicht überstanden. Das neue Regime dividierte die Menschen in Klassen und führte das Land in Privateigentum über. Die Sache der Stewart-Könige ging den Bach hinunter. Männer wie MacGregor kämpften auf verlorenem Posten. Aber sie verstanden immerhin, glanzvoll zu scheitern.

Daniel Defoe, der 1706 als Agent der englischen Krone Schottland bereiste, schrieb als erster Rob Roys Lebensroman, *The Highland Rogue*; Sir Walter Scott folgte ihm hundert Jahre später mit einem literarisch gediegeneren, aber ebenso frei erfundenen Produkt. Diese Komantschen mit ihren nackten Beinen und ihrem undurchschaubaren Ehrenkodex, die praktisch vor den Toren von Glasgow lauerten, schienen dem rechtsgelehrten Autor aus den Lowlands noch immer suspekt. War ihnen zu trauen? Die Behauptung, der rote Rob habe so lange Arme gehabt, daß er seine Kniestrümpfe festbinden konnte, ohne sich zu bücken, klingt denn auch weniger nach einer Personenbeschreibung als nach einem Witz, den sich ein schmuckvoller Kelte mit dem Herrn aus Edinburgh erlaubte.

Und nun der Film: Glorreiche Hügel bis in die blaue Ferne, umwitterte Höhen und schiefergraue Lochs;

auch ein rauher Eindruck von Kälte, Dreck und nasser Wolle. Solche Winter! Und prangende Sommer voller Wärme und Duft. Der Klang der Pipes, zu dem sich die Füße heben. Guerilleros in farngrünen und heidekrautvioletten Tartans. Schottisches Claymore gegen englisches Florett. Ein Mann wird an den Baum gespießt, ein anderer steigt nackt im Gegenlicht aus dem Silbersee. »You're very fine to me, Robert MacGregor«, flüstert Jessica Lange mit sieben rollenden Rs.

»Rob Roy« soll an »Originalschauplätzen« gedreht worden sein, worunter man bei United Artists einfach »Schottland« versteht. Tatsächlich ist Drummond Castle der einzige Ort, an dem sich die Wege des historischen Rob Roy MacGregor und die des Kinohelden kreuzen. Beim Jacobiteraufstand von 1715 kurierte MacGregor dort eine Verwundung aus. Für jedes andere Bild waren die südlichen Highlands, Loch Lomond und Loch Katrine in den Trossachs, das Kernland des MacGregor Clans, den Filmleuten zu zahm – und zu gut besucht. Deshalb verlagerten sie die Handlung ins offene, wilde, westliche Terrain zwischen Glencoe und Glen Nevis, wälzten sich in Jeeps und Raupenschleppern zum Loch Morar hinauf, wo zwei Nebelmaschinen den Frühdunst erzeugten, aus dem der fiese Cunningham, Montroses Vasall, mit seinen englischen Rotröcken auftaucht. Das farngedeckte, aus Feldsteinen geschichtete Haus der MacGregors mußten die Filmleute nach Drehschluß im Landschaftsschutzgebiet wieder dem Erdboden gleichmachen. Gärtner streuten Torf und Grassamen darüber.

Die Landmarken, die der wirkliche Rob Roy vor 300 Jahren setzte, sind dagegen noch immer zu sehen: in den Trossachs, einer Hügellandschaft wie aus einem Bilderbuch der Romantik. Knorrige Eichen und bemooste Findlinge versammeln sich zu gefälligen Ensembles, belebt von Schafen mit schwarzen Gesichtern und von einer Klinge Sonnenlicht, die durch die Wolken schneidet. Grau sind die Steindächer, feuerwehrrot und blitzeblau die Türen. Zartes Lärchengrün steht vor schwarzen Nadelwäldern, aus denen Wasserdunst steigt wie Rauch aus einem brennenden Haus. Es wäre kaum erstaunlich, wenn Gestalten über Duke's Pass auftauchten, »deren Gliedmaßen zwischen dem Ende des Kilts und dem oberen Saum ihres kurzen Beinkleids nach der Mode des Landes unbekleidet waren und mit einem kurzen dichten roten Haarfell, besonders um die Knie herum bedeckt waren, so daß diese, wie auch in ihrer sehnigen Erscheinung äußerster Kraft, den Beinen eines rotbunten Highlandbullen glichen.« (Scott)

Ein bißchen Romanfolklore schmückt die Reise auf Rob Roys Spuren, wenn man vor verschlossenem Gatter steht und auf fiktive Schauplätze ausweichen muß. Denn nicht überall sind Farmer von den segensreichen Wirkungen, die ein Film auf den Tourismus der Region ausübt, überzeugt und lassen wildfremde Menschen in den Kamin gucken, an dem schon Mary MacGregor den Porridge umrührte. »Ganz recht, das Haus ist aus dem 18. Jahrhundert, aber wir möchten wirklich niemand ermutigen …«

Am westlichen Ende von Aberfoyle liegt an einer Abzweigung und oberhalb eines neuen Cottages was einmal Jeanie MacAlpines Wirtshaus war. Ob Rob es jemals betreten hat, ist nicht verbürgt, aber Scott läßt in der Spelunke eine feurige Säbelstecherei vom Stapel. Und so steigen wir ungebeten an der Hintertür der heutigen Grundbesitzer vorbei (»Sam, bin bei Pamela«) zu der farngedeckten Hütte auf dem Hügel, die zu ihrer Zeit mehr wie ein qualmender Steinhaufen als wie eine menschliche Behausung gewirkt haben muß, die Türen so eng, die Decke so niedrig, daß die Kämpen nichts längeres als ein Messer aus dem Strumpf gezogen haben konnten.

Auf flüsternden Reifen schleichen wir uns am Pförtnerhaus von Mr. Dickson vorbei (»strictly no admittance«), über Kieswege und entlang akkurat geschnittener Hecken, um am Fluß Teith nach Castle Gregor zu sehen, das allerdings erst nach Robs Zeit im Besitz des Clans war. Ein gängiger Reiseführer bildet es noch als befestigtes Schloß aus dem 18. Jahrhundert ab. »Some fine classical interiors survive«. Nicht mehr. Es ist abgebrannt; den Rest haben Vandalen besorgt. Und doch: Welch reizendes Zeugnis der Vergänglichkeit am eilig strömenden Fluß! Die getrimmten Eiben sind aus dem Leim gegegangen. Schon wachsen frische Weiden durch die Spitzbögen. In einem nahen Waldstück muß ein Denkmal für den MacGregor Clan in Form einer gemauerten Eiche, der die Äste gekappt wurden, verborgen stehen, aber inzwischen haben uns die Nerven verlassen. Durch fremde Jagdgründe zu fahren ist anstrengend genug, richtig brenzlig könnte es aber beim Aussteigen werden: Vorsicht, wilde Schotten kreuzen!

Farmer Fergus Wood in Ledard bei Aberfoyle, einem Mann mit flammend rotem Haupt- und Barthaar, sind wir dagegen hochwillkommen. Touristische Neugier ist sein Geschäft. Hinter seinem Hof springt ein kleiner Fluß den Berg hinunter, ergießt sich zwischen Farn und

Eichen in ein Felsenbecken: Helen's Pool. Hier hat Rob um Mary geworben. Und Scott in Bewunderung der doppelten Kaskade auf einem Stein gesessen. Sagt Fergus Wood. Seine Frau Francesca reicht Tee und Shortbread in der Küche. Neben der Zucht von Angoraziegen betreibt Wood in Aberfoyle ein »Wool Centre« mit Cafeteria und »Sheep Show«, in der er an wolligen Vertretern aller Rassen die Geschichte der schottischen Textilindustrie vorführt. Er hat eine Broschüre über Ledard geschrieben, der Margaret Thatcher – weiß der Kuckuck, wie er das geschafft hat – ihr Foto mit einem montros'schen Lächeln und ein paar geneigte Zeilen vorausschickt. Er spielt in einer Ceilidh Band (Kassette im Wool Centre erhältlich) und denkt an die Einrichtung einer Destille. Rob Roy Single Malt? Farmer Wood ist mindestens ein ebenso geschickter Geschäftsmann wie Viehhändler MacGregor.

Über Loch Katerine dampft seit fast hundert Jahren die *S. S. Sir Walter Scott*, zwischen bewaldeten Hügeln, deren Saum bis ans Wasser reicht, und vorbei an den Inselchen, auf denen Rob Roy gestohlene Kühe und auf Factor's Island den Verwalter des Marquis von Montrose versteckt hatte, der im übrigen nicht gemeuchelt wie im Kino, sondern unversehrt seinem Herrn zurückerstattet wurde.

Das Leben war nicht nur in diesem Fall barmherziger als der Film. Gern hätte man öfter im Anblick der Schönheit als der Schlächterei geseufzt. Dieses Gezerre hinterm Pferd her! (In Wirklichkeit hatte man den gefangenen Rob Roy hinter einem Reiter festgebunden.) Dieses fortwährende Sengen und Spießen! Der große Showdown zwischen Rob Roy und Cunningham, der einen niedrigen Charakter und äußerste kämpferische Geschicklichkeit hinter der Pose des Lackaffen verbirgt, war 1701 nicht mehr als ein Scharmützel, in dem Rob Roy den kürzeren zog. Bei einer Festlichkeit hatte MacGregor den Geck Cunningham beleidigt und war amüsiert »wie eine Wildkatze, die eine allzu kühne Hausmaus gewagt hatte herauszufordern« (Murray) ins Duell gezogen – nur um von Cunninghams feuriger Attacke überrumpelt zu werden, der ihn, ohne daß er einen Stich anbringen konnte, vom Platz jagte.

Wohl wahr, es gab damals wenig Anlaß zu Getändel, aber das Kino sollte doch zarter als das Leben sein. So zart, wie eine Frau ihrem Mann untern Rock greift. »You're very fine to me, Mary MacGregor.«

Schottlands tapferes Herz

Scots, wha hae wi' Wallace bled,
Scots, wham Bruce has aften led,
Welcome to your gory bed,
Or to victorie!
(Schotten, die mit Wallace geblutet haben,/
Schotten, die Bruce so oft geführt hat,/
Willkommen zu eurem blutbefleckten Bett, /
Oder zum Sieg!)
(Robert Burns)

Auf Stirling Castle loderten in der Nacht die Fackeln. Gaukler ließen Keulen und Bälle fliegen, Feuerschlucker spien flüssige Lohe. Die Trommeln rasselten, und die Sackpfeifen schrillten, als sei ein neuer Thronanwärter mit Gefolge im Anmarsch. Es handelte sich zwar nur um die Limousinen einer amerikanischen Filmgesellschaft, aber das Lichtspiel schien von nationaler Bedeutung, und entfesselte Schotten klatschten den ganzen Weg zur Burg hinauf.

Wann hatte man dort eine ähnliche »glitzy party« – so der *Glasgow Herald* – gesehen? Vielleicht 1594 und noch etwas funkelnder zur Taufe von Prinz Henry, als ein sechs Meter langes, mit gesottenem Fisch beladenes Schiff auf einem künstlichen See in die große Halle einfuhr und Böller aus seinen kleinen Kanonen krachten? Für die Premierenfeier des Films *Braveheart* war Stirlings große Halle 401 Jahre später vom Gerüst der Restauratoren geräumt, ein Tanzboden eingezogen worden, und Mel Gibson, der, wie man liest, Dämon Alkohol abgeschworen hat und in einem Privatgemach im Palast von James V. Hof hielt, soll einmal ihre ganze Länge hinuntergewalzt sein.

Doch trotz der allgemeinen Begeisterung am historisierenden Gepränge war der Stunk vorprogrammiert. Die Scottish National Party verteilte Flugblätter mit dem Bild des Schauspielers und forderte Unabhängigkeit. Der Staatssekretär und Tory-Abgeordnete für Stirling, Michael Forsythe, wurde ausgebuht, und noch ehe der Film in Schottland angelaufen war, zeterten die Parteien durch die Zeitungen. Günstlinge und Tartan-Onkel-Toms, gifteten die Nationalisten gegen die »Unionisten«, die durch ihre Teilnahme die Premierenparty »in eine Farce« verwandelt hätten, »einen Verrat an allem, wofür William Wallace gestorben ist«. Hasenherzen, die ebenfalls das Brot Britanniens äßen, und Faschisten mit Geschmack an Blut- und Bodendünsten, tönte es zurück. Es war das Aufflackern einer seit 700 Jahren grummelnden Fehde: Schottland gegen England. Edward I., »Hammer der Schotten«, gegen den gälischen Bauern William Wallace, riesenhafter Kämpfer, Befreier und Märtyrer.

Den Anlaß gab ein Drei-Stunden-Schinken von durchaus zweifelhafter historischer Akkuratesse: *Braveheart.* Mel Gibson spielt darin den beherzten Ehrenmann William Wallace, der 1297 mit einem Haufen wilder Highlander die siegesgewisse englische Ritterschaft niedermetzelte. Dieses Fanal zum Unabhängigkeitskampf der Schotten klingt in vielen Ohren noch immer lieblich und erregend. Die Nachbarn aus dem Süden haben hier ein langes Schuldenkonto.

Stirling Castle, das auf seinem Felsen jahrhundertelang das Einfallstor zu den Highlands bewachte, überblickt die Schlachtfelder von Stirling Bridge und Bannockburn, wo Wallace und später König Robert the Bruce die Engländer schlugen. Der Burg gegenüber ragt das Wallace Monument trutzig und verwunschen aus den Wipfeln von Abbey Craig. 1861 versammelten sich 80000 Patrioten an der Klippe, um die Grundsteinlegung zu einem Turm zu feiern, wo Wallace sein Banner aufgepflanzt hatte. 264 Stufen sind es bis zum windigen Ausguck unter den steinernen Rippen der schottischen Krone, und an schönen Tagen reicht der Blick von der Forth Brücke im Osten bis zu Ben Lomond im Westen. Drinnen steht Wallaces Zwiehänder hinter Glas: 1,60 Meter lang und damit nur unwesentlich kürzer als Hauptdarsteller Gibson. Der Griff soll mit einem Stück Haut umwickelt sein, das Wallace seinem Gegner bei Stirling, Sir Hugh Cressingham, abgezogen hat. »Keep it up, Mel!« steht im Gästebuch.

Der historische Wallace hatte für Drehbuchautor und Regisseur den unschätzbaren Vorteil, daß sein Wirken zwar tiefe Furchen gezogen hat, sein Lebenslauf jedoch äußerst verschwiemelt ist. Und wie das Photo des Schauspielers auf den Flugblättern der SNP das Bild des Volkshelden überblendet, so kreuzen sich in Schottland auch die Wege von Wallace, dem Befreier, mit Wallace, dem Filmstar, auf manchmal unübersichtliche Weise. In den Bereich der Fabel muß gewiesen werden, daß Wallace mit der Schwiegertochter des englischen Königs das Lager teilte und daß er von Robert the Bruce verraten wurde. Näher am Geschehen dürfte die »Authentizität« der Schlachtszenen sein, das Spießen von Mensch und Pferd, das Abschlagen der Hände und Zertrümmern der Köpfe. Ungeheuerliche Gewalt wird vorgeführt, als sei sie Lichtjahre entfernt und die Sache von Wilden, gleich ob sie das Englisch des Königs lispelten oder auf Scots daherknarrten. Und hat man sich leidlich von der Schlächterei erholt, ist da schon wieder Mel Gibson mit seinen dürftigen mimischen Mitteln, der den Mund aufreißt (»freedom!«) und – so ein Kritiker – anläßlich seiner Hinrichtung, bei der Wallace kastriert und ausgeweidet wurde, ein Gesicht schneidet, als litte er unter Magenverstimmung. Wenig Obszönes bleibt dem Zuschauer erspart; das bißchen Erotik verschwindet dagegen schamhaft im schottischen Nebel.

Gedreht wurde *Braveheart* vorwiegend in Glen Nevis am Fuß des höchsten Bergs auf der britischen Insel. Die Filmleute logierten vier Monate in der Gegend, fotogene Bürger aus dem benachbarten Städtchen Fort William durften mitmischen, und das Leben in Hotelbars und Pubs nahm geradezu kalifornische Züge an, während draußen der kalte Regen unablässig strömte. Schließlich setzte der Film-Troß nach Irland über, wo bekanntlich immer die Sonne scheint, und kurbelte *Braveheart* vor einer irischen Burg – Trim Castle – und auf einem irischen Golfplatz herunter.

Bisher fahren die Fremden nach Glen Nevis hinein, um seine baumlosen, makellosen Linien zum Himmel streben zu sehen, über denen die graue Gneiss-Glatze von Ben Nevis funkelt. Filmdorf und Festung sind restlos verschwunden. Wallace? Gibson? Nie gehört. Auch das wilde Glencoe wird nur einen flüchtigen Ruhm als der Ort erwerben, wo Komparsen im Kilt über ein Bächlein sprangen, und bleiben, was es war: die Stätte des Massakers von 1692. Für die Drehgenehmigung im Naturschutzgebiet sackte der National Trust for Scotland eine »beträchtliche Summe« ein. Senior Ranger Derrick Warner, der offenbar ungerührt in einem der Häuser lebt, in denen die Campbells vor 300 Jahren ihre Gastgeber, die MacDonalds, niederstachen, möchte das Augenmerk der Besucher lieber auf die gewaltige Natur richten, wo Wildkatze, Adler und Schneehuhn wohnen und der leichtsinnige Kletterer, vom schnell wallenden Nebel eingeholt, über den Rand ins Nichts purzelt. Man habe ihn während der Dreharbeiten gebeten, sich einen Abend der Familie Gibson zu widmen, aber er habe sich nach einigem Abwägen für einen dringlicheren Termin entschieden und eine Jugendgruppe bei ihrem Studienprojekt in den Bergen besucht. Seine Frau habe sich um die amerikanischen Gäste gekümmert. Ungefragt fügt Mr. Warner hinzu, seine Frau sei eine geborene Wallace und sie habe Mr. Gibson für die Rolle ihres Vorfahren eher klein gefunden, rather small.

Nach der verlorenen Schlacht von Falkirk war der historische William Wallace in den Highlands verschwunden. Andere Quellen nennen eine Audienz beim Papst, der vor UN-Zeiten eine Rolle als internationaler Vermittler spielte. Old Inverlochy Castle bei Fort William habe er berannt; wie erfolgreich, weiß keiner zu sagen. Robert the Bruce hat es 1307 eingenommen. Seine Außenmauern stehen noch. Das neue Inverlochy Castle liegt in der Nähe, eine viktorianische Schöpfung im

»baronial style« und heute ein Luxushotel, in dem die Filmcrews von *Rob Roy* und *Braveheart* wohnten. Mel Gibson habe auch das *Old Pines Hotel* bei Spean Bridge ins Auge gefaßt. Seiner Familie habe es sich als alkoholfreies Haus empfohlen. Als Gibson aber hörte, daß er dort auch nicht rauchen dürfte, stornierte er. »What a twit!« sagt Bill Barber, *Old Pines*-Besitzer. Wie auch immer. Besser als bei ihm kann auch ein Filmstar in der Umgebung von Fort William nicht essen. Mrs. Sukie Barber, junge Mutter von sieben Kindern, ist Gewinnerin in der klassischen Kategorie des *Scotch Lamb Challenge 1995*. Das Frühstücksbrot backt sie selbst, und abends gibt es so feine Sachen wie Räucherlachs mit Ebereschen-Gelee, Wild und knofeliges Kartoffelgratin, Holunderblüten-Eis und selbstgeräucherten Käse. Den Wein bringt sich der Gast aus dem Deli-Shop in Fort William mit. Vom Tisch blickt er durch die alten Kiefern in das Himmelstheater mit seinen wechselnden Wolkenaufzügen.

Eben noch war das Blau mit weißen, wie von der Gabel zerrissenen Wölkchen gefleckt, da schleift von rechts ein schieferfarbener Regenvorhang über die Kuppen. Im Rücken steht ein kompaktes Sahnegebirge vor einer wallenden, grauen Kulisse, und aus dem gelben Moor halblinks wächst das Fundament eines Regenbogens. Vom Hügel über Spean Bridge ist das alles in 3-D bei einer kompletten Umdrehung zu sehen.

Vielleicht sind es die Reinheit der Luft und die unendliche, unverbrauchte Landschaft, die die Pfadfinder der Filmgesellschaften in die westlichen Highlands treiben. Am Loch Arkaig fanden sie am Ende der »dark mile«, einer von alten Buchen und bemoosten Mauern gesäumten Straße, den Wasserfall und die Brücke, über die *Rob Roy* seinen Häschern entspringt. Auf den weißen Sandstränden von Morar wurden *Highlander* und *Local Hero* gedreht.

Dieser Teil der Welt ist am besten vom Zug aus zu betrachten, und zwar von den weinroten Waggons der Dampfeisenbahn, die im Sommer zwischen Fort William und Mallaig verkehrt, einem kleinen Hafen, von dem die Fähre nach Skye und den Äußeren Hebriden ablegt. Der Zug heißt *The Jacobite*, denn an dieser Küste rammte ein siegessicherer Prinz Charles Edward Stuart 1745 seine Standarte ins Heidekraut, um die Clans um sich zu scharen und die schottische Krone zu erringen – und floh 13 Monate später als geschlagener, gedemütigter, aber unbeirrbar geliebter Bonnie Prince Charlie zurück ins französische Exil. Hier steckte er sich eine weiße Rose als Kokarde ans Barrett, eine ungefüllte Sorte, die seitdem in keinem gut-jacobitischen Vorgarten fehlen darf.

Wie kommt es, daß alle Leute, die eine Dampflok hören und sehen, stehenbleiben und winken? Mit »Kindertraum« ist die Sache nur unzureichend beschrieben. Es ist auch der Bann einer Erscheinung aus Feuer, Wasser, Luft und Eisen, verbunden mit ihren fast menschlichen Geräuschen: übereifriges Gehuffe beim Start, Keuchen am Berg, entspanntes Zischen, wenn sie zur Ruhe kommt, und ein gebieterischer Pfiff, mit dem die Lok Tunnels und Viadukte ankündigt, der auch dem Herzen einen kleinen begeisterten Stich versetzt. Der Passagier steckt den Kopf zum Fenster raus und nimmt mit, was das Auge faßt – wenn es sich nicht gerade von Qualm und fliegenden Kohlestückchen verdunkelt.

Wie sanfte Riesen liegen die Berge unter der Sonne; blaue Berge fern, grüne Berge nah, mit weißfusseligen Weidenröschen, Heidekraut und bronzenem Farn in den Falten und Löchern im Kittel, durch die der graue Stein stößt. Ebereschen und Birken, ein rostroter Moorbach, glitzernd Loch Eilt und Loch Morar, der weiße Lattenzaun einer Station. Vorbei.

Vom Glenfinnan-Viadukt – 380 Meter lang über 21 Bögen, ein Meisterstück des Erbauers, Robert (»Beton Bob«) McAlpine – sieht man am Ufer von Loch Shiel den Turm zum Gedenken an Bonnie Prince Charlies Landung aufragen. Einen passenderen Ort hätte sich der Thronprätendent kaum aussuchen können. Wasser und Berge scheinen auf den Punkt hinzufließen, von dem die schicksalshafte Erhebung ihren Ausgang nahm. Wer von der Natur so geliebt wird, der muß doch siegen. Und nun, mir nach, wackere Highlander!

Wenn der Zug nach zwei Stunden in Mallaig angekommen ist, ein Vorschlag: Setzen Sie sich mit einer Tüte allerleckerstem Fish and Chips aufs Pier zu den Kuttern, schauen Sie das Meer an oder die gutgelaunten Leute, die ebenfalls da sitzen und mampfen – und vergessen Sie diesen furchtbaren Film.

Royal Visit

Der Anwesende pflegt ja meist schon
durch Anwesenheit zu enttäuschen.
(Adolf Muschg)

Keinen Knicks, also wirklich nicht! Ich bin doch keins seiner Subjekte. Und sowieso sind da mindestens dreitausend Leute an Bord; ich werde also gar nicht in die Verlegenheit kommen, seinen Händedruck zu erwidern und einen Knicks zu machen: How do you do, Your Royal Highness? Niemals! Obwohl die Chronistenpflicht ja dringend geböte, seine Nähe zu suchen ... »Frank, sagen Sie mir bitte, wie kommen Sie eigentlich dazu, mich zu einem Empfang auf der *Britannia* einzuladen? Ich meine, Prinz Charles und ich, wir stehen gar nicht so dick miteinander.« Frank von der Scottish Tourist Board läßt das Besteck, mit dem er seinen pochierten Lachs zerteilt hat, sinken. »Das Royal Scottish Event ist ein Ausdruck unserer Wertschätzung all jener, die sich um den Tourismus in unserem Land verdient gemacht haben – und noch verdient machen werden. Etwas weniger formell: Die Scottish Tourist Board hat sich einfach gefragt, wen könnte man einspannen, etwas für Schottland zu tun.« Oh!

Deshalb sitze ich heute im Old Course Hotel in St. Andrews mit fünfzig Reiseveranstaltern aus den USA und ein paar offenbar ebenso nützlichen Pressefritzen aus Japan und vom »Kontinent« beim Dinner. »Wir haben Sie vorgeschlagen, und St. James's Palace hat Sie bestätigt.« Und ein goldgerahmtes Stück weißen Karton geschickt:

»Seine Königliche Hoheit, der Prinz von Wales, erbittet das Vergnügen Ihrer Gesellschaft bei einem Lunch für die Schottische Fremdenverkehrsbehörde an Bord Ihrer Majestät Yacht *Britannia* im Hafen von Dundee ...« Mit klaren Empfehlungen: Der Aufzug sei elegant, Anzug oder Kostüm. Der Prinz werde gegen ein Uhr erscheinen und die Runde unter den Gästen machen. Herren, die vorgestellt werden, sollten sich verbeugen, Damen knicksen. Seine Königliche Hoheit sei im Gespräch mit »Ihre Königliche Hoheit« und in der Folge mit »Sir« anzusprechen. Keine Kameras, keine Mobiltelefone an Bord. Bitte finden Sie sich am Dienstag früh pünktlich in der Lobby des Old Course Hotel zur Abfahrt nach Dundee ein. »Werden Sie sich verbeugen, Frank?« »Selbstverständlich.« »Würden Sie mir mal einen Knicks vormachen?« »Äh – ich fürchte ... tut mir leid.« Und nun, Vogel, sing für dein Abendessen!

Es spricht der Vorsitzende: Wir alle wissen, daß Schottland ein wunderbares Land ist. Und obgleich wir uns wünschen, daß mehr Gäste es besuchen, wollen wir doch keinen Massentourismus. Wir bitten Sie daher um Vorschläge, wie wir Schottland außerhalb der drei Monate Hochsaison vermarkten können. Dies ist zwar nicht die Costa Spaniol; dafür haben wir sehr viel an Kultur zu bieten. Und sehen Sie selbst, welch wunderbares Wetter heute ... Ein strahlender Mann aus New Jersey (»Hi, I'm Dick«), dem sich am Morgen der

Traum seines Lebens erfüllt hat – er durfte eine Runde Golf auf dem Old Course von St. Andrews spielen, ein Privileg, für das andere ein Jahr lang Schlange stehen –, erhebt sich ideenvoll: Machen Sie spezielle Angebote – Weihnachten in Schottland – eine Woche auf einem Schloß mit einem echten Lord – Galadinner und Dudelsack, Schwerttänze ... Der Vorsitzende, der hufescharrend wartet, daß der andere einen Punkt macht, gibt rastlose Geräusche von sich wie der Rasensprenger auf dem Golfplatz – »sure, sure, sure.« Meilenweit vorbeigeschlagen, Dick. Dieses Feld ist längst abgegrast.

Das Wetter. Nein, schließen Sie nicht die Augen! »Zwanzig Tage von der Sorte haben wir im Jahr in Schottland«, sagt ein Informant, der ungenannt bleiben will. Entlang der Dünen des Old Course spült die Nordsee über den weißen Sand von St. Andrews, in langen, tief gestaffelten, flüsternden Säumen. Es ist, als ob sie unter der Sonne dahinglitte wie unter einer ungewohnten Liebkosung. Auf dem Rasen des Friedhofs um die Kathedralen-Ruine lagern Studenten und spielen *Trivial Pursuit.* Ein Rucksackreisender trocknet sein Zelt. An der Seitenpforte bläst ein Bettler in kurzen Hosen mit blaurotem Gesicht auf der Sackpfeife: *Amazing Grace.* Klimpernde Pennies im Filz. Mit dem Hoch über Schottland schwebt ein schallgedämpftes, sonnendurchglühtes Glück über Stadt und Strand, eine erstaunliche Gnade, die alle andächtig einsaugen. Am nächsten Tag liegen sie mit Brummschädel und Brandblasen auf der quarkweißen Haut im verdunkelten Zimmer.

Wir aber setzen unseren smarten Strohhut auf und besteigen den Bus nach Dundee, wo die *Britannia* festgemacht hat. Die Herren in offizieller Mission tragen Kilt und hängen die schwarzen Schoßjacken über die Sitzlehnen. So eine Hitze! Und so ein Licht! Ganz sanft und klar bis in die blaue Ferne. Durch die offenen Fenster hört man die Goldammern schlagen. Frischgemähtes Gras liegt in glänzenden Schwaden auf den Wiesen.

Von der Brücke über den Tay sehen wir die *Britannia* am leeren Kai liegen, ein über die Toppen geflaggter Vergnügungsdampfer zwischen ragenden Speichern und unbewegten Kränen. Der *Guardian* hat uns an diesem Morgen in Sachen königliche Yacht bereits informiert. »Status vorgestern: vielgeliebtes, quasi-imperiales Relikt, vom Abwracken bedroht. Status heute: Flaggschiff in Sachen Rangelei um die Tory-Parteiführung.« John Majors Rivale John Redwood »hat seine Farben unter volltönenden Proklamationen an den Mast der *Britannia* geheftet: Torys sind für den Erhalt königlicher Yachten und gegen ihre Verschrottung!« Die *Britannia,* 1953 vom Stapel gelaufen, knapp 140 Meter lang, 6000 Tonnen schwer, mit 25 Offizieren und 250 Mann Besatzung, darunter 26 Gardemusikanten, dümpelt jährlich zehn Millionen Pfund schwer auf dem Staatssäckel. Sie hat inzwischen beim Besuch von 135 Ländern über eine Million Seemeilen mit ihren ersten Maschinen zurückgelegt. In zwei Jahren ist sie reif für den Schrotthaufen, da sie angeblich europäischen Sicherheitsbestimmungen nicht mehr genügt. Ein Umbau von 17 Millionen Pfund stünde an. Der *Guardian*: »Immer noch besser, als sie in irgendein gräßliches Hotel für reiche Amis umzubauen.«

Noch sind die Royals also Hausherren auf ihrem Kahn, aber ihre gräßlichen Gäste befinden sich im Anmarsch. Ich zum Beispiel, von Schicksal und Vorwitz als erste auf die Gangway gestellt, stöckele auf die Reihe der Blau-Uniformierten hinter der Reling zu, als die alle zugleich die Rechte an die Mützen reißen. Zurückwinken oder ebenfalls zwei Finger an den Hut? Nein, weiter, hier entlang, Madam, aufs Veranda-Deck. An jeder Ecke steht ein Mann in Blau und komplimentiert die Gäste voran. Beim Zeus, sind sie schmuck! Die Queen hat gern vertraute Gesichter um sich, wie man so hört. Deshalb kann die Crew länger dienen als die Offiziere, die nach zwei Jahren wieder abmustern. Vertraute Gesichter und schöne Hintern in engen Schlaghosen, wie man so sieht. Über den bis auf die Maserung geschrubbten hellgrauen Planken des Veranda-Decks breitet sich ein rotweiß gestreiftes Sonnensegel. Das Lunchbuffett ist in der Mitte aufgebaut: Quiche, Muscheln, Salat, verschiedenfarbige Tunken in silbernen Saucieren. Zum Aperitif wird 92er Sancerre, spanischer Roter, Gin and Tonic sowie »alkoholfreier Wein« der Marke Duchy von den prinzlichen Gütern herumgereicht, Apfel mit Birne oder Apfel mit Himbeere.

Der Herr mit den zwei goldenen Streifen am Ärmel erzählt mir gerne alles über das Schiff, seine Visitenkarte zeigt er mir aber nur in der hohlen Hand. Es wäre ihm sehr daran gelegen, wenn ich mich für den Erhalt der *Britannia* ins Zeug legte. »Sie abzuwracken ist eine rein politische Entscheidung. Das hat nichts mit irgendwelchen Sprinkleranlagen zu tun.« Als PR-Dampfer fürs Vereinigte Königreich fahre sie ein Vielfaches ihrer Kosten ein, aber »verstehen Sie, als Angestellter der Krone darf ich gar keine eigene Meinung äußern.«

Prinz Charles kommt ohne großes Trara. Steigt aus einem dunkelgrünen Bentley (L 209 PRE) und läuft die Gangway hinauf. Nicht das kleinste bißchen Jubel aus den Reihen der hundert Schaulustigen, die sich hinter Barrieren zwischen Gasometer und Wellblechschuppen versammelt haben. Er hat an diesem Vormittag bereits ein Einkaufszentrum in Dundee eröffnet und wird nach dem Lunch nach Falkland Castle weiterfahren, um dort eine Teegesellschaft von Industriellen zu krönen. Aber erst: Touristiker und Presse an Bord. Der Mann ist nicht zu beneiden. Etwas üppiger orchestriert singt auch er für sein Dinner, und während die Gäste sich die Teller mit Meeresfrüchten und Wildreis-Salat beladen und mit ihrem Weinglas in der Hand dummes Zeug schwatzen dürfen, ist er nüchtern und im Dienst. Ein Profi des Small Talk, zugleich ein verletzlicher Mensch, der weiß, daß hinter den Verbeugungen und Knicksen, dem liebedienerischen Gelächter über seine Bemerkungen jeder dieser sechzig Leute viel zuviel über ihn weiß, während er von seinem Gegenüber nichts weiß und auch nichts wissen will. Er hat ein besseres Gesicht als auf Photos und mehr graue Haare, eine hagere Nase und sehr helle blaue Augen, deren gesammelter, nie zu anderen Kreisen oder Horizonten abschweifender Blick seine überwältigende Langeweile verbirgt. Der Fremdenverkehrs-Vorsitzende führt ihn herum wie einen Bären und stellt ihn den Leuten vor, die er für wichtig hält. Er hat auch eine kleine Rede für ihn vorbereitet, aber St. James's Palace hat ihn wissen lassen: Maybe yes, maybe no; ob Prinz Charles sie halten wird, hängt von seiner Laune ab. (Er hält sie nicht.) Irgendwas wird er ja wohl selbst entscheiden können. Ob er sich den Anzug heute morgen selbst ausgesucht hat? Beige mit einer Andeutung von Hochwasser um die Aufschläge, Doppelschlitze im Jackett, dunkelrot-weiß gestreiftes Hemd und dunkelrot-grün gestreifter Schlips. »Di hätte ihm diese Hosen nicht durchgehen lassen«, zischt eine Dame. Frank läßt, als er ihm die Hand reicht, seinen Gin and Tonic fallen. »Well done«, ruft der Prinz und ignoriert die Spritzer auf seiner Hose. Zwei Matrosen sind sofort mit Blech und Feudel zur Stelle. Armer Frank. Und wenn er steingrau in diesem Job werden sollte, er bleibt der Typ, der Prinz Charles beim Lunch in Dundee bekleckert hat.

Auf dem Kai hat sich inzwischen die Kapelle der Royal Marines formiert; vom Veranda-Deck sind vorwiegend ihre weißen Helme mit polierten Messingknäufen zu sehen. Und während die Gäste ihr Apfeleis mit Obstsalat löffeln, schmettert die Garde *Scotland the Brave* und *Rule Britannia*. Die Wellen der Weltmeere beherrschen wollen, aber die *Britannia* verschrotten – bezaubernder Blödsinn. Die Schaulustigen heben ihre Pocketkameras, um die Musiker unten und uns Wichtigtuer oben auf dem Deck zu knipsen. Der Prinz tritt zur letzten Gruppe und reicht mir die Hand. »How do you do«, und ich mache meinen Knicks, einen kleinen, wirklich nur die Andeutung. »Bleiben Sie noch länger in Schottland?« – »Noch drei Tage; Border Country, nun da ich schon mal hier bin.« – »Und Sie werden etwas Schönes über Schottland schreiben?« – »I'll try my very best.« – »Soso mmh mmh«, sagt Seine Königliche Hoheit und wendet sich zum Gehen.

Zwei Damen aus Irland und der Waliser Regen

Glyn Cafaillgaroch, in the Cambrian tongue,
In ours the Vale of Friendship, let this spot
Be named, where faithful to a low roofed Cot
On Deva's banks, ye have abode so long,
Sisters in love, a love allowed to climb
Even on this earth, above the reach of time!
(William Wordsworth)

Lokomotivführer sind in Wales noch, was ihr Name verspricht: graubärtige Herren im verwaschenen Blaumann, die den linken Ellenbogen zum Fenster rausecken und ihren Kaffee in einer Emaillekanne über dem Feuerloch warmhalten. »Wollen Sie vorne mitfahren?« fragt Derek Forster, und ich entere begeistert den Sitz des Heizers. Die *Castell Dinas Bran* dampft, eine Kette weinroter Waggons hinter sich, durch das Tal des Dee, fährt scheppernd und kohlespuckend in Tunnels ein (»Augen zu!«), eilt hochgemut schnaufend durch Auen voller Heckenrosen und Holunder und scheucht mit herrlichem Geheul Spaziergänger und Schafe von den Schienen.

Endstation ist der kleine alte Bahnhof von Llangollen. Die Ruine von Dinas Bran thront auf einem Hügel über der grauen Stadt am Dee, wo ich durch die Buchhandlungen auf der Suche nach einer Biographie der

Ladies von Llangollen laufe. Fündig werde ich erst in einem Antiquariat, einem verblichenen ehemaligen Theater, das längs, quer und bis zur Decke mit Büchern zugerammelt ist. »Die Ladies von Llangollen?« fragt der elegante grauhaarige Herr im Drahtkabäuschen mitten drin. »Die habe ich. Allerdings eine Erstausgabe, Hogarth Press, 50 Pfund ... Sie nehmen sie?« Er steckt den blauen Band lächelnd in eine Packpapiertüte. »Kommen Sie bitte recht bald wieder.«

Es war das Lächeln der Waliser, das vor zweihundert Jahren zwei Damen aus Irland in Llangollen vor Anker gehen ließ; »der wunderschönste Platz auf der Erde«. Lady Eleanor Butler und Sarah Ponsonby waren zusammen vor den Zumutungen ausgerissen, die Gesellschaft und Familie an unverheiratete Frauen von Stand stellten, und lebten in einem Cottage am Dorfrand ihrer romantischen Freundschaft, die erst der Tod löste. Es war ein Leben »in süßer, köstlicher Zurückgezogenheit« und ständiger Geldsorge, eingebettet in die Neugier und Zuneigung ihrer walisischen Nachbarn. Der Wirt vom *Hand Hotel* schickte eine Schüssel Forellen, die einheimische Hexe von ihren Äpfeln; ein kleiner Junge stand mit einem Strauß Fingerhut vor der Tür; das ganze Dorf kam gelaufen, als ihr Kamin Feuer fing, nahm Anteil, als ihre »liebe Kuh« kalbte, und »zeigte eine Freundlichkeit, ein Maß an Gefühl und Empfindsamkeit, die zu diesem Land gehören«, schrieb Lady Eleonor. *Plas Newydd*, das neue Haus, schmückten sie von der Schwelle bis unters Dach mit schwarzem, »gotisch« empfundenem Schnitzwerk, und wer immer sich um die Wende des 18. zum 19. Jahrhundert bedeutend fühlte, trank seinen Tee bei den Ladies von Llangollen, um ihr geistreiches Geplauder und ihren Klatsch zu genießen – und auch, um diskret ein Paar anzustaunen, das sich selbst genug war.

Wo gab es denn das: Zwei ältere Damen mit kurzen gepuderten Locken à la Titus, wie sie vor 30 Jahren Mode waren, die im dunklen Reitkostüm mit gestärktem Plastron und Zylinderhüten umhergingen? »Zwei pensionierte Pfarrherrn?« spottete ein Besucher. Wordsworth, der in ihrem Garten ein Gedicht schrieb, nannte den Lauf des Dee »das Tal der Freundschaft« und seine Gastgeberinnen »Schwestern in Liebe«. Lord Byron, der selbst viele Arten romantischer Freundschaft gekostet hatte, schickte ihnen ein Exemplar seines *Korsar*. Madame de Genlis jedoch, die im Gästezimmer von *Plas Newydd* kein Auge zutat, weil unter ihrem Fenster eine Äolsharfe die Nacht durchschrammelte, urteilte streng über die beiden Freundinnen, die ihr als Opfer »der gefährlichsten Verstiegenheit des Verstandes und des Gefühls« erschienen.

Plas Newydd ist heute fürs Publikum geöffnet, ein Haus wie das Innere eines alten Schranks; zu den Zeiten der Ladies vollgestopft mit Möbeln, Büchern, Bildern, Porzellan und Souvenirs. Ein paar Repliken sind noch da – und das einzige Original, ein Aquarell, das Sarah und Eleanor an ihrem Tisch in der Bibliothek zeigt, mit Katze, Büchern, Stundenglas und einem Teil des von ihnen hochgeschätzten Nippes; ein ganz kleines, fast gestohlenes Bild, für das sie nicht posierten und das sie still und ein wenig traurig zeigt.

Nach den Romantikern, die in Wales ihr Glück suchten, kamen die eher profitorientierten Herren des 19. Jahrhunderts, die herausholten, was unter den Bergen lag: Kohle und Schiefer. Der Industrialisierung verdankt Wales sein Netz an Schienen- und Wasserwegen. Heute wird es wieder ausschließlich von vergnügten Müßiggängern genutzt. Im bunten »narrow boat«, die Geranientöpfe auf dem Dach, gleiten sie den Llangollen-Kanal entlang, der das Tal des Dee über die hohen Bögen des Pontcysyllte-Aquädukts in einer 300 Meter langen Badewanne kreuzt: schwimmend schweben die schlanken Boote geradlinig über den Abgrund.

Schmal sind auch die Schienen, auf denen die Ffestiniog Railway durch die Berge von Snowdonia nach Porthmadog an der Küste dampft; schmal die Bänke, auf denen die Reisenden eine Haltung wie im Damensattel einnehmen, wenn sie sich nicht mit den Knien ihres Gegenübers verheddern wollen. So sind sie dann der dicken Schaffnerin im Weg, die sich auf 21 Kilometern durch ihre Mitte hangelt und die Stationen ausruft. Der besseren Orientierung halber gucken alle auf die Karte und murmeln ihr nach, was so ganz anders geschrieben steht. Walisisch ist voll phonetischer Überraschungen und für Waliser ein unerschöpflicher Witz, den sie sich mit Engländern und anderen Fremden erlauben. Zwei L sind ein Schnarchlaut mit einem angetäuschten l am Ende, ein W ist auch ein U, ein U ein I, und ein Y kann alles mögliche sein.

Der kleine Zug schwankt durch Farn und Heide, Ebereschen und Rhododendron, entlang der schwarzen Abraumhalden der Schiefergruben und einmal in einer vollendeten Korkenzieherschleife um einen Kegel herum. Bevor er sich auf den Weg über den langen Damm zur Endstation macht, steige ich in Minffordd aus, denn von hier aus sind es nur ein paar Minuten zu

Fuß zu einem der liebenswertesten Orte in Wales, wiederum ein Witz von Gnaden: Portmeirion. Das Dörfchen ist die Schöpfung von Sir Clough William-Ellis, der in den 20er Jahren auf der Halbinsel sein »Heim für gefallene Gebäude« einrichtete, ein Asyl im italienischen Stil, in dem er barg und wieder aufrichtete, was anderswo der Moderne im Weg stand. Dabei war ihm weniger an museumsreifer Rekonstruktion als an der schönen Komposition gelegen. Noch als sehr alter Herr in kanariengelber Weste und gelben Kniestrümpfen über den Breeches stieg er zu den Arbeitern aufs Gerüst und trat Mauern ein, wo ihm Fenster angebracht erschienen: hier hin! Als die Zypressen eingingen, strich er das tote Gestrüpp grün oder pflanzte Eiben, die sich der Zypressenform anbequemen mußten. Portmeirion ist eine Folly, eine architektonische Narretei in Zitrone, Erdbeer und Vanille. Camelien und Azaleen blühen zwischen mediterranen Fassaden um eine Piazza mit vergoldeten Tempeltänzerinnen auf dorischen Säulen. Und außerdem ist es ein sehr schickes Hotel. Die kleinen Villen sind die Suiten, der Speisesaal – im Maharadscha-Stil – liegt am Meer in einem ehemaligen viktorianischen Herrenhaus. Mit Gästen finanzierte Sir Clough seinen Traum, und als Hotelier führt auch sein Enkel, Robin Llywelyn, der eigentlich ein waliser Dichter ist, das Dörfchen weiter. »Hier im Salon hat die Dame, der das Haus früher gehörte, ihren Hunden aus der Bibel vorgelesen«, sagt der blonde junge Mann. Und im Park sind die Struppis bestattet. »Manche Gäste bringen ihre toten Hunde mit, um sie ebenfalls dort zu begraben, aber das geht natürlich nicht.« Leider vergaß ich, Mr. Llywelyn zu fragen, was mit den abgelehnten Hunden geschieht.

Eine heitere architektonische Marotte ist in Nordwales jedoch eher die Ausnahme. Die Regel sind die gewaltigen Burgen, die der englische König Edward I. im 13. Jahrhundert zur Unterwerfung der wilden Waliser an die Küste baute: Harlech, Caernarfon, Conwy. Die Hülle von Harlech ragt weithin sichtbar aus der Ebene, großmächtig, aber wunderbar proportioniert, und ich stelle mir vor, wie verzagend ihr Anblick auf die gewirkt haben muß, die, aus den Bergen kommend, die runden Türme auf dem Felssporn über dem Meer bereits einen halben Tagesritt vor sich sahen.

Dunkel und meist wolkenverhangen liegen der Snowdown, Wales' höchster Gipfel, und seine Nachbarn wie ein Riegel vor der Küste. Heute haben ihn die Wanderer und Kletterer erobert, bunte, wetterfest verpackte Gestalten, die selbst unter unwirtlichsten Bedingungen ins Feuchte aufbrechen. »Unser Regen«, sagt mir unterwegs ein junger Mann an der Theke des *Swan*, »ist nicht dieses jämmerliche englische Getröpfel, sondern saftiger, sexy Regen.« Wenn er aufhört und die Sonne durchschimmert, kommt zur Sinnlichkeit die Euphorie im Anblick der fernen blauen und der nahen grünen Berge, der Seen, die wie gehämmertes Silber aufblitzen. Selbst mitten in Snowdonia sind sie mit weißen Segeln getupft. Im Spätsommer liegen die Moore unter Wellen blühenden, honigduftenden Heidekrauts, das noch im Zwielicht aus sich selbst heraus zu leuchten scheint. Schafe sprenkeln die Hügel und haben sich pastoral unter großen Eichen versammelt.

Im Städtchen Harlech werden früh die Lichter ausgeknipst. Dann ist es gut, wenn man einen Tisch im *Castle Cottage* gefunden hat. Der Küchenchef, Glyn

Roberts, ein großer, rosiger Mann, hat das ganze Haus mit Schweinchen in Öl, Stoff, Steingut und Sperrholz dekoriert. Wir aber essen kräftige Brokkoli-Stilton-Suppe und zartes Lammfilet mit Püree, denn mit Lamm kann man in einem walisischen Gasthaus gar nichts verkehrt machen.

Von weitem sieht Gwrych Castle wie ein Gemäuer aus, das die Festungsbaumeister Edwards I. beschämen möchte. Weit ziehen sich seine Vorwerke an der Flanke der bewaldeten Hügel von Abergele entlang, doch nirgends gibt es ein Schild, eine Zufahrt. Gwrych, dem wir uns schließlich über stacheldrahtumwickelte Weidetore nähern, ist nämlich gar nicht antik, sondern wiederum eine architektonische Caprice unseres Jahrhunderts, der Traum eines reichen alten Knaben, der sich eine Ritterburg wünschte. Heute verlassen und halb zerstört, sieht es aus wie es heißt: Gurich, ein Ding zwischen schnarch und rülps. Als wir die mit Glasscherben übersäte Treppe zum Hof hinaufsteigen, öffnet sich ein Fensterladen, und ein kahler Kopf schaut heraus. »Wir wollten mal gucken, dürfen wir?« »Treten Sie ruhig näher. Ich bin nur der Einbrecher. Der Besitzer ist in Texas.« Der Herausschauende war einmal Hausmeister in Gwyrich, als in der Burg noch mittelalterliche Bankette ausgerichtet wurden. In den verwüsteten Sälen kann ich ihn nirgendwo finden, nur ein neues Vorhängeschloß an der Remise läßt vermuten, daß er ein paar Dinge vor den Vandalen, die die Marmortreppe zertrümmert, die bunten Fenster eingeworfen und die Eingangshalle angesteckt haben, sichergestellt hat. Mitten durch den bunten Stuck-Kranz aus Blumen und Früchten an der Decke des Speisesaals hat sich ein großer Teil des oberen Stockwerks erbrochen. Die weißen, gotisierten Fenster aus zierlichem Maßwerk sind mit Brettern verrammelt. Ein wilder Wein hat sich hereingeschlängelt. »Eine Schande«? Luxushotels gibt es zur Genüge, aber Gwrych Castle erfüllt auf bessere Weise den der Folly innenwohnenden Zweck: Als Ornament geplant, ist es nun zur Kulisse schlechthin geworden, unbewohnbar wie ein Traum.

Die Küste von Abergele bis zum Great Ormes Vorland hat noch etwas von dem Charme alter britischer Seebäder samt ihrer unerschrockenen Klientel. Auch unter einem stahlgrauen Himmel werden Schultern entblößt und steigen bunte Drachen. Der Wind treibt zwei kleine Terrier wie Flocken über die Uferpromenade. Vom Leuchtturm auf der Spitze des *Great Ormes Head*, einer Frühstückspension, in der Gäste in wunderbar verwegenen Zimmern auf drei Seiten von den Elementen umtobt wohnen, führt die Paßstraße hinunter nach Lladudno. Hier heißen die Hotels *The Wellington* oder *The Belvedere* und tragen weiße und mintgrüne gußeiserne Spitzen. Im plüschigen *St. Tudno* stieg im Jahr 1861 ein kleines Mädchen mit einem dunklen Pagenkopf ab: Alice Liddell, die Lewis Carroll zu *Alice im Wunderland* inspirierte. Viktorianisch ist auch das Pier mit seinen blauweißen Häuschen, in denen die unsterblichen Muschelkästchen und geringelten Zuckerstangen ausliegen. Mit der fast hundert Jahre alten Straßenbahn reisen wir auf den Hügel über der Stadt. Paarweise gleiten die Waggons an Stahltrossen die steilen Straßen hinauf und hinunter. Das Treffen irgendwo in der Mitte wird von den Passagieren jedesmal mit Gejohle gefeiert. Von der Gipfelstation geht der Blick über die schönen Sicheln der Strände zu beiden Seiten des Vorlands und zu den Wolkenplumeaus, die tief über den Bergen hängen. Gleich haben wir ihn wieder, den saftigen, sexy Waliser Regen.

Nachweise

Dublin 2000, Canal Grande, Willie und Maud, Der gute Heinrich, Zwei Damen aus Irland, Einhorn gegen Löwe, Rob Roy, Schottlands tapferes Herz und *Royal Visit* wurden für die *ZEIT*, die *Frankfurter Rundschau, Buchmarkt* bzw. *BRIGITTE* geschrieben, für das Buch überarbeitet, aktualisiert und erweitert.

Die anderen Kapitel gehen zurück auf Elsemaries Maletzkes Buch *Nach Irland reisen* (Frankfurt am Main 1983); sie wurden vollständig überarbeitet, aktualisiert und erweitert.